I0487234

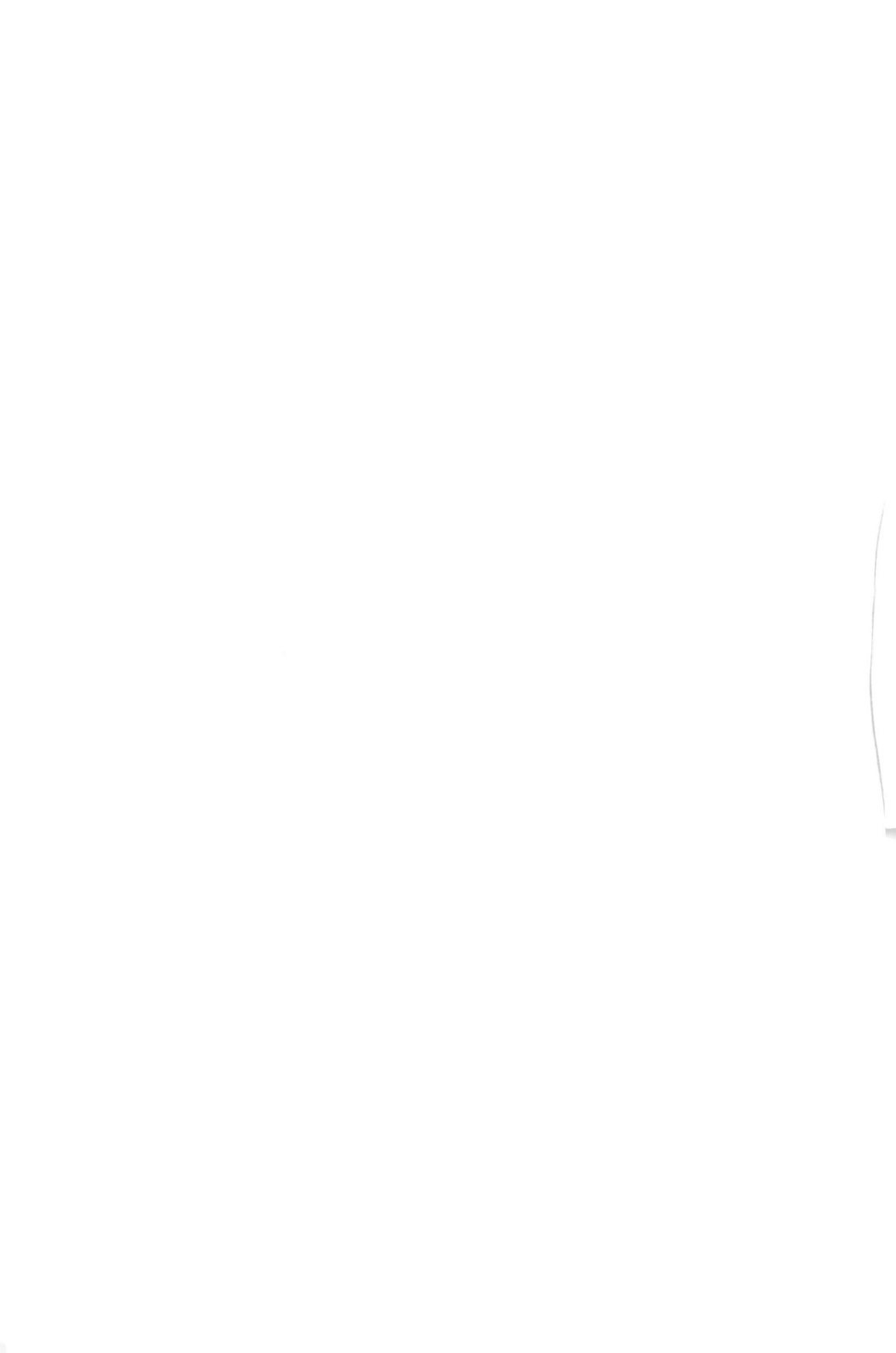

MANUEL DE FALLA Y LA FILOSOFÍA ESPAÑOLA

Alejandro Román

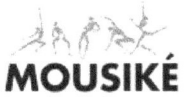
MOUSIKÉ

MANUEL DE FALLA Y LA FILOSOFÍA ESPAÑOLA

Dos ensayos sobre Falla,
Ortega y Gasset y José Gaos

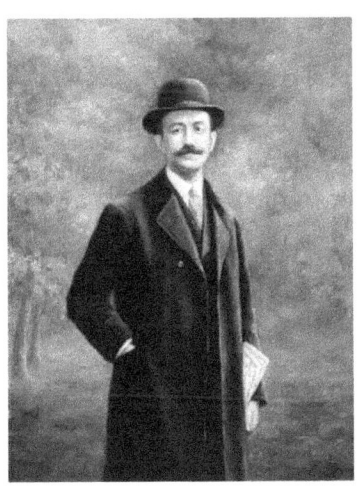

ALEJANDRO ROMÁN

Primera edición, Julio 2008

© Editorial Lulu
www.lulu.com

© Mousiké
Edición y texto © Alejandro Román, 2008
Todos los derechos reservados
www.alejandroroman.com

Diseño de portada: Alejandro Román

Se prohíbe la reproducción total o parcial de esta obra –
incluido el diseño tipográfico y de portada -, sea cual fuere
el medio, electrónico o mecánico, sin el consentimiento del
autor

ID: 3121428
ISBN: 978-1-4092-1858-6

a Jaime …

INDICE

I. Falla, Ortega y las "Meditaciones del Quijote"

II. El historicismo radical de José Gaos. Biografía, confesión, vocación y creación en un filósofo, Gaos y un compositor, Falla

Prólogo

Manuel de Falla, el compositor más internacional de la música española, vivió una época de esplendor de la cultura hispana, el período denominado "Edad de Plata". El pensamiento musical en la cultura española de la Generación del 98 a la Generación del 27 fue un punto de referencia para la música española. Amigo personal del pintor vasco Ignacio Zuloaga, Falla tuvo como mecenas intelectual a Adolfo Salazar, figura eminente en la cultura y la música española de los años veinte y treinta, crítico y pensador, que se convirtió en el referente ideológico de la vanguardia musical en la España de la Edad de Plata. Salazar, amigo de personalidades como García Lorca, Juan Ramón Jiménez, Menéndez Pidal, Picasso, Gerardo Diego y tantos otros, se sitúa en el núcleo de la cultura española del momento. Salazar fue amigo personal del mayor filósofo español de la época, José Ortega y Gasset, y sin embargo, y a pesar de las múltiples circunstancias comunes que rodearon a ambos, Falla y Ortega, parece que no llegaron a conocerse.

Este libro presenta dos ensayos que pretenden acercar la figura de Falla a la de Ortega y Gasset, y a la de uno de sus más insignes discípulos, el filósofo asturiano José Gaos, a través de sus obras. En el primero se relacionan las *"Meditaciones del Quijote"*, primer libro de Ortega, donde plantea las bases de su filosofía, con la obra fallesca *"El Retablo de Maese Pedro"*. En el segundo ensayo se aborda el pensamiento de José Gaos presente en sus *"Confesiones profesionales"* acerca de los conceptos de confesión, vocación, biografía y creación, comparándolos con la experiencia de un compositor, en este caso, Manuel de Falla. En este libro, Música y Filosofía se encuentran unidos por un mismo lazo.

I. FALLA, ORTEGA Y LAS MEDITACIONES DEL QUIJOTE

1. Introducción

El presente trabajo [1] pretende analizar las posibles conexiones entre dos de las obras españolas más importantes del siglo XX, a las que une un mismo denominador común: el Quijote. En las *"Meditaciones del Quijote"*, José Ortega y Gasset expone las ideas principales que constituirán la base de su filosofía, y Manuel de Falla, con su *"Retablo de Maese Pedro"*, aporta una de las más bellas composiciones de la música europea, logrando una obra de proyección universal. El musicólogo Adolfo Salazar mantuvo un apoyo constante a la obra del compositor gaditano. Sin embargo, y pese a la relevancia de ambas figuras de la cultura española de la época, parece que entre ellos no hubo contacto alguno, aún teniendo muchos elementos en común. La fenomenología de Husserl entendida desde el punto de vista orteguiano, ayuda a comprender el juego que Cervantes establece entre realidad y representación. En las *"Meditaciones"* Ortega expone su noción de cultura, y analiza las características de la novela como género literario de representación de la realidad. La cultura, para Ortega, son ideas, y el acto propiamente cultural es el creador, por lo que la creación musical del "Retablo" no constituye sino una "perspectiva" para el compositor. A pesar del continuo contacto mantenido en la Residencia de Estudiantes entre Salazar, Falla y Ortega, no se entiende el desconocimiento mutuo entre el pensador y el compositor.

Palabras clave: Ortega, Falla, fenomenología, Husserl, meditaciones, realidad, representación, reducción fenomenológica, "epojé"

---

[1] Trabajo realizado para el curso de doctorado 2005-2006 *"Ortega y don Quijote: para una lectura fenomenológica del Quijote"* impartido por D. Javier San Martín en la Facultad de Filosofía de la Universidad Nacional de Educación a Distancia (UNED) de Madrid.

2. Ortega y Falla: dos grandes figuras de la cultura española del siglo XX

José Ortega y Gasset es nuestro mayor filósofo del siglo XX, así como Manuel de Falla representa igualmente el mayor logro musical en varios siglos para la música en España. Como dos grandes figuras, ambos aportaron a la cultura española y europea un inmenso legado que, aún hoy, no es justamente valorado en toda su dimensión: supieron acercar la cultura y el pensamiento hispano a la realidad europea. Si, además de todo esto, tienen algo en común, es, precisamente su alta calidad humana: ninguno de los dos era amigo de recibir homenajes ni honores, debido, en parte, a su gran sencillez y bondad.

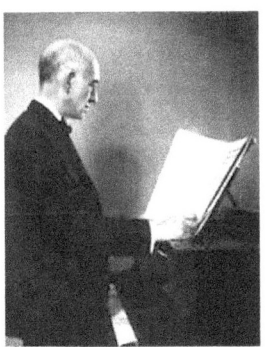

Manuel de Falla (1876-1946)

Sin embargo, a pesar de compartir tiempo (Falla sólo era siete años mayor que Ortega) y lugar (ambos vivieron en Madrid), además de reconocimiento y cierta popularidad en vida, parece que no se encontraron jamás, y tampoco tenemos referencia alguna de lo que pensaba uno del otro. Aún así, hay un dato cierto: ambos tenían parecida voluntad y pretensión al querer acercar a los españoles la cultura europea, y, a los europeos, la cultura española. Ambos fueron conscientes de la necesidad de hacer universales sus lenguajes sin renunciar a su base latina, hispánica. De este modo, los dos encontraron en la herencia cervantina un elemento fundamental en que basar dos de sus respectivas grandes obras, las *"Meditaciones del Quijote"*, en el caso de Ortega, y *"El Retablo de Maese Pedro"* fallesco.

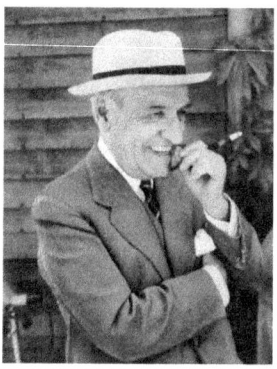

José Ortega y Gasset (1883-1955)

El propósito de este trabajo es realizar una reflexión acerca de las circunstancias que rodearon ambos proyectos e intentar establecer cuantas conexiones sean posibles entre estos.

3. Ortega y la circunstancia española: contexto de *"Meditaciones del Quijote"*

Ortega, nace en Madrid en 1883 y muere en la misma ciudad en 1955. Escribe su primer libro *"Meditaciones del Quijote"* en 1914, aunque anteriormente parece que apenas había escrito Ortega nada sobre Cervantes y su obra, y lo curioso es que, para la redacción de su primer libro se interese precisamente por *El Quijote*.

Ortega viaja a Alemania en 1905 y se forma en Leipzig dentro del "neokantismo" alemán. El "neokantismo" fue técnicamente impecable porque retoma las bases de la tradición filosófica europea, lo cual hace que Ortega sea deslumbrado por esta filosofía, que se basa en dos ideas fundamentales:

> *"En primer lugar la idea de que tenemos, por así decirlo, como dos yos, uno el individual, el yo de los nervios, el gorila, dirá unos años después, el variable e inculto; y otro, el superior, el de la cultura y la moral, en el que no tenemos más remedio que dejar nuestros volubles gustos y darnos cuenta de que somos parte de la humanidad universal, que siempre debe pensar las mismas verdades matemáticas y aspirar a un gusto estético auténtico, es decir, válido para todos"*
> (San Martín, 1994: 24-25)

Ortega se acerca a la filosofía para impulsar a que España se sitúe a nivel europeo, ya que España está *"muerta de cultura"*. La filosofía se ha desarrollado a muy alto nivel en Alemania, y es lo que le lleva a estudiar en Leipzig:

> *"La circunstancia de Ortega es la que determina su vocación y la que le induce a ir a Alemania; la circunstancia es la situación española. [...] España está habitada por una raza espiritualmente*

muerta, nos dice en 1908; pero esa muerte es de educación, de cultura." (San Martín, 1994: 254-255)

Uno de los motivos principales de la vuelta de Ortega a Alemania, según Javier San Martín, era *"comprender desde su filosofía neokantiana la estética española, el arte español".* Pero encontró que el arte español era demasiado localista, según concluye Ortega en su último escrito *"Adán en el paraíso"* (1910) antes de ir a Alemania: *"Podríamos decir que el arte español, en ese momento el arte de Zuloaga, era excesivamente particular, excesivamente español, centrado en los problemas de España, y por tanto no valía para la humanidad, para la cultura universal".* (1994: 26-27). Lo que no se entiende bien, como veremos después, es el silencio de Ortega frente a la obra de Manuel de Falla, uno de nuestros pocos artistas que traspasaron inmediatamente fronteras y que supo traducir la música española a un lenguaje inteligible universalmente.

En torno a 1911, cuando Ortega vuelve a Alemania, se da cuenta de que el "neokantismo" no es suficiente, porque le falta veracidad, aunque es una buena filosofía, técnicamente hablando, pero Ortega pretende superar el idealismo y descubre la "fenomenología" como método, aunque no la adopta como filosofía: a partir de 1913 se constituye en una forma de dejar atrás el "neokantismo".

Ortega sigue el pensamiento de la tradición filosófica española, por ejemplo, las "filosofías de la vida" de Unamuno. Así por tanto, Ortega queda influenciado por dos vías de pensamiento: la filosofía alemana (el neokantismo y la fenomenología de Husserl) y el pensamiento español (Miguel de Unamuno, Ramiro de Maetzu y Pío Baroja)

Estas primeras influencias y lecturas hacen que escriba *"Meditaciones del Quijote",* su primer libro. Pretende darle a la filosofía un método, un concepto positivo: el concepto de vida. Éste está concebido contra el sentimiento trágico de la vida de

Unamuno, pero en el libro, Ortega desarrolla su forma particular de entender la fenomenología. En las *"Meditaciones"* expone su "teoría de la cultura", clave en toda la filosofía orteguiana, constituye una respuesta a Unamuno sobre su concepto de cultura. Pero, además en él da las claves de lo que va a ser su filosofía, basada en la fenomenología como método de conocimiento.

En 1905 Ortega había asistido a un debate sobre el Quijote debido a la conmemoración del III Centenario de la publicación del Quijote, para el cual se prepararon multitud de actos. El Presidente del Ateneo de Madrid, Francisco Navarro Ledesma, amigo de Ortega, es el encargado de la coordinación de un ciclo de conferencias por este importante evento. Varias de estas conferencias, impartidas por el musicólogo Cecilio de Roda, trataban la música de la época quijotesca, haciendo un análisis pormenorizado con diversas transcripciones de piezas instrumentales y vocales, que posteriormente se publicaron junto a las transcripciones. De esta publicación se sirvió posteriormente Manuel de Falla como fuentes y documentación para realizar los primeros esbozos de su *"Retablo de Maese Pedro"*.

En 1912, Unamuno desafía a los europeístas, proponiendo a don Quijote como nuestro modelo de "héroe" a imitar, y a Sancho como "héroe" a evitar, por lo que Ortega escribe las *"Meditaciones"* como respuesta a Unamuno, en las que Ortega presenta el quijotismo de Cervantes. Ortega, frente a Unamuno, hace una crítica del idealismo de don Quijote. Unamuno pone como ejemplo ideal al idealismo de don Quijote pero, Ortega, sin embargo, lo critica y cree que lo importante es la visión de Cervantes como crítica a ese idealismo que es vacío, que no lleva a nada.

A través de la biografía de Cervantes escrita por su amigo Francisco Navarro Ledesma, titulada *"La vida del ingenioso hidalgo*

Miguel de Cervantes Saavedra" (1905), de gran visión poética, Ortega se sintió atraído por la figura del escritor universal, caballero de fina cultura. La lectura de la vida de Cervantes, cargada de acontecimientos interesantes, y la decadencia del imperio español de Felipe II, prendieron el interés de Ortega por el significado de la cultura española y la figura del héroe representada por el propio Cervantes.

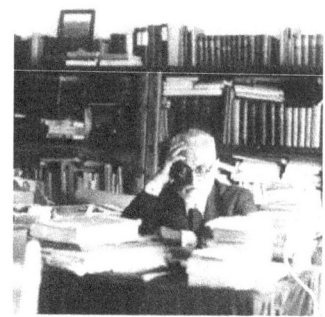

Miguel de Unamuno (1864-1936)

Ortega presenta las *"Meditaciones"* desde El Escorial, lugar de retiro de Felipe II, que es "esfuerzo puro", pura voluntad, como el Quijote, que consta de pura voluntad. El Escorial se construyó a 50 kilómetros de Madrid en plena época de decadencia. ¿Cuál es el motivo que llevó al monarca a su construcción?: la pura voluntad, como don Quijote, que siempre hace las cosas únicamente por idealismo. El propio Miguel de Cervantes Saavedra vivió durante la construcción del Real Monasterio; quizá Ortega presenta el libro desde este lugar para insistir en la figura, más que del Quijote, de Cervantes. A este tema del "esfuerzo puro" volverá Ortega en 1927 en *"Meditación del Escorial"*, dentro de *"El Espectador"*, donde apunta también el tema del idealismo y la voluntad de don Quijote y el coraje de Sancho. España, es pura voluntad, pero adolece de cultura. Para José Lasaga *"la* manera *española practica una permanente des-*

integración entre vida y cultura, entre voluntad y razón. La salvación de la circunstancia española, tema de fondo del proyecto filosófico orteguiano contenido en Meditaciones, *pasa por hallar la fórmula para recuperar la unidad del yo con su paisaje."* (2006: 165)

El interés del libro cervantino radica en dos cuestiones fundamentales que no escapan a Ortega: una, el juego entre la realidad y la ficción, el idealismo y el realismo, la razón pura y la razón práctica. Dos, la modernidad de la novela como género nuevo para la época. La primera de ellas debió de causar una viva impresión en Ortega al leer la biografía escrita por Navarro Ledesma:

> *"Antes que Kant y con mayor claridad que él ha visto el autor del Quijote, y humanamente ha pintado la diferencia entre el sentido común, consenso universal o conciencia inferior, llamado razón práctica, y la razón suprema, que está por cima de los hechos y es conciencia común a éstos y a las ideas, la razón pura. [...] La compañía y el trato de don Quijote, razón pura, llegan a ennoblecer y educar la rastrera razón práctica, el bajo sentido común de Sancho, y todo lector [...] percibe cómo van armonizándose los sentimientos y las ideas del amo y del mozo [...] hasta ser uno los dos espíritus."*
> (cit. por Javier San Martín, 2006: 198)

El concepto de *realidad* será uno de los temas clave que tratará Ortega en este su primer libro, *"Meditaciones del Quijote"* a través de la obra de Cervantes, del cual hablaremos más tarde.

4. El silencio de Ortega ante la figura de Falla y su *"Retablo de Maese Pedro"*.¿Por qué eligió Falla este capítulo de *El Quijote*?

Los escritos estéticos de Ortega acerca del arte se centran fundamentalmente en la pintura y en la música. Pero *"Adán en el paraíso"*, *"Apatía estética"*, *"Musicalia"*, *"La deshumanización del arte"*, *"El arte en presente y en pretérito"*, *"Velázquez"*, etc. contienen mucha más proporción de crítica pictórica que de reflexión musicológica. Podríamos plantearnos si esta tendencia constituye una consecuencia de la herencia kantiana de la *"Crítica del juicio"*, donde Kant consideraba la poesía, el "arte de la palabra", como el arte supremo, el "arte figurativo", la pintura, otra de las "bellas artes", y la música la última de las artes. No creo ni mucho menos que Ortega tuviera este concepto dieciochesco acerca de la música, ya que, aún estando la pintura en el centro de sus reflexiones estéticas, Ortega escribe a menudo acerca de asuntos puramente musicales, haciendo crónica, en muchas ocasiones, de los sucesos más importantes que tenían lugar en la escena musical europea. Lo que sí es más de extrañar es el silencio continuado de Ortega acerca de la creación musical en España, y, en particular, del silencio acerca del más relevante de nuestros compositores: Falla.

Manuel de Falla (1876-1946) conoce en Madrid a Felipe Pedrell (1841-1922), compositor y musicólogo catalán que tuvo una amplia influencia en varias generaciones de compositores españoles, entre ellos Albéniz y Granados. Pedrell toma inmediatamente a Falla como discípulo, y le insta a recuperar el patrimonio musical español y a otorgar a la música española una cierta universalidad a través de un "nacionalismo musical" tardío (neonacionalismo) que ya anteriormente había tenido mucho éxito en otros países como Noruega (con Grieg), Rusia (con Balakirev, Rimski Korsakov o Glazounow) o Checoslovaquia (con Smétana o Dvorak).

Por otra parte, los primeros años del siglo suponen el surgimiento de un nuevo estilo compositivo, el *neoclasicismo*. El rechazo a los postulados románticos del siglo anterior se basa en un estilo que busca los rasgos pertenecientes a los periodos barroco y clásico fundamentalmente, dando una música formalista, objetiva, con centros tonales, de pulso uniforme, *antirromántica* en esencia. El compositor más representativo de esta tendencia es Igor Stravinsky en Rusia, aunque Segei Prokofiev (1891-1953) o Dimitri Shostakovich (1906-1975) son igualmente importantes en su desarrollo. También pertenecen a ella los compositores del *Grupo de los Seis* francés, formado por Francis Poulenc, Darius Milhaud, Louis Durey, Germaine Tailleferre, Georges Auric y Arthur Honnegger, a la que en sus últimos años se añadió Maurice Ravel (1875-1937). En Alemania, Paul Hindemith (1895-1963), y en Hungría Béla Bartók (1881-1945), este último combinando como Falla esta práctica con su vertiente nacionalista. En el caso de Falla la vuelta al clasicismo es, siempre, por la vía del nacionalismo, es decir, por ejemplo, tiende a desarrollar y actualizar ciertas características de la música de raíz española compuesta en el siglo XVIII por Domenico Scarlatti, las fuentes musicales en que se basa están tomadas de músicos de nuestro Barroco, y los temas en que basa sus composiciones son siempre relativos a la cultura española.

En muchas de sus obras Falla retoma las sonoridades de las músicas del "Siglo de Oro" del Barroco español, en especial por el uso de un "nuevo" instrumento para la época: el clavecín, que había sido completamente desterrado de las salas de conciertos durante todo el Romanticismo por su pariente el piano. Manuel de Falla inaugura este periodo neoclasicista, con el ballet *"El sombrero de tres picos"*, de 1919, donde se intuye un cierto "neoscarlattismo", a la que sigue *"El Retablo de Maese Pedro"* (1922), y, posteriormente, *"Psyché"* (1924), para voz y cinco instrumentos y el *"Concierto para clave y cinco instrumentos"* (1926) de la que comenta Tomás Marco:

> *"Con ella, Falla alcanza la que probablemente es su obra maestra y, a la vez, la obra que más tarde logró imponerse ante el público [...] Hay además un radical giro en el problema del neoclasicismo, al que Falla da una solución nueva y más avanzada incluso que el propio Strawinsky."* (1998: 38-39)

A principios de 1919 Falla ya tiene algunas ideas para una nueva obra escénica que no será ni wagneriana ni italianizante, y que la base literaria será la prosa. Por problemas de salud en ese momento deja Madrid para instalarse en Granada, donde permanecerá hasta su partida en el exilio argentino. Hacía poco tiempo, cinco años antes, en 1914, Ortega había publicado sus *"Meditaciones del Quijote"*, donde analizaba especialmente el capítulo del *"Retablo de Maese Pedro"*. En estos años de principios de siglo, hay en Madrid un ambiente que gira en torno a la recuperación de la idea de Castilla y se da un cierto aire "quijotesco". Este fenómeno es protagonizado, precisamente, por no madrileños, es más, por no castellanos: se inicia con Pío Baroja en *"Camino de Perfección"* (1902), Unamuno y su *"Vida de don Quijote y Sancho"* (1905), Antonio Machado y sus *"Campos de Castilla"* (1912) y Azorín con *"Castilla"* (1912). Incluso Falla traba amistad con el pintor vasco Ignacio de Zuloaga, gran retratista de los personajes y costumbres castellanos, que, sin duda conocería el propio Falla. En el año 1920 se publica el Real Decreto por el cual se impone como obligatorio en las escuelas la lectura de "El Quijote", lo cual recibe respuesta inmediata de

Ortega en *"El Espectador"*, que indica lo contraproducente que puede ser para los niños la lectura obligada de un libro tan moderno como este, que nunca podrán comprender en toda su profundidad. *"Pero en 1921, cuando escribe el ensayo titulado "El Murciélago", el nombre de Falla era ya el más universal después de Goya. [...] El silencio [...] se hará especialmente grave con "El Retablo". Ese silencio, empecinadamente mantenido, cuando Adolfo Salazar en "El Sol" y en la "Revista de Occidente" es protagonista de la nueva música española, silencio que se hace más grave al escribir "La deshumanización del arte".* (Sopeña, 1988: 109)

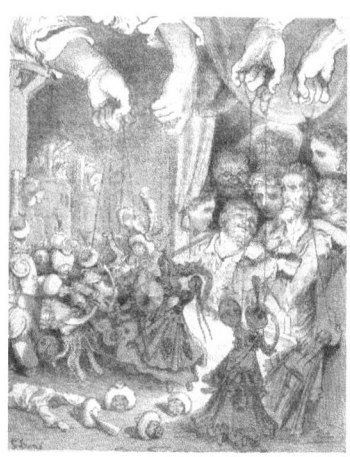

El Retablo de Maese Pedro según Gustavo Doré

En 1921, Falla era ya un músico de reconocido prestigio internacional. Por ese entonces había escrito obras de gran importancia, como *"La vida breve"* (1905), *"Noches en los jardines de España"* (1911-15) o *"El amor brujo"* (1915), pero, sin embargo, no se encuentra ni una sola mención a Falla en los artículos escritos por Ortega para la *Revista de Occidente*. Es el caso de *"El sombrero de tres picos"*, obra estrenada en Londres en 1919 y reestrenada en París en 1920, de factura musical impecable y esplendorosa orquestación, en la cual abundan rasgos neoclásicos. A pesar del éxito y acogida por parte del público de esta música de gran calidad, no encontramos ni un solo comentario por parte de Ortega, a pesar de haber recibido abundantes críticas realizadas por corresponsales españoles. No es el caso de Adolfo Salazar, crítico del periódico *"El Sol"*, ni del propio Juan Ramón Jiménez, el cual admira al joven Falla, e incluso invita a tomar el té en su propia casa.

Sin embargo, Ortega está al tanto de las novedades musicales europeas y, desde *"El Espectador"* expone su opinión crítica acerca de múltiples asuntos, entre ellos el arte y, cómo no, la música. Por ejemplo, en el artículo *"Musicalia"*, de 1921, no hace alusión alguna al compositor español, pero sí habla de Claude Debussy o Stravinski. Parece ser, según su hijo Miguel, que Ortega asistía con frecuencia a las representaciones de zarzuela, ya que su padre, Ortega Munilla era gran aficionado, pero, en cambio no fue nunca a la de *"El amor brujo"*. No se entiende bien el porqué de este vacío continuado acerca de la figura de Manuel de Falla por parte de Ortega, y, como apunta Federico Sopeña:

> *"La pena por el silencio de Ortega , por injusta, ha sido constante y ha dejado huella en discípulos como Julián Marías […]"* (1988: 110)

Adolfo Salazar, crítico y musicólogo decisivo en la difusión de la música de su época tuvo un contacto permanente en la Residencia de Estudiantes con Falla, Turina, Dalí, Buñuel o García Lorca. Sin embargo, Ortega, parece no prestar atención al compositor gaditano. Más adelante añade Sopeña:

> *"[…] y una vez más me duelo y no me explico las causas del silencio absoluto de Ortega, silencio mutuo. Si lo de Unamuno se*

> *explica por su alergia a la música, y en el caso de Falla por su actitud a la defensiva ante la polémica religiosidad de don Miguel, lo de Ortega – insisto-, no tiene explicación dada la cercanía de Adolfo Salazar a la* Revista de Occidente*"* (1988: 170)

Falla compone *"El Retablo de Maese Pedro"* en el año 1922. Su estreno en París en casa de la princesa de Polignac el 25 de junio de 1923 produjo un gran impacto, colocando a Falla entre la vanguardia musical europea. Falla había creado una obra que mostraba una nueva objetividad, en la línea del modernismo francés de la posguerra. El *"Retablo"* recibe elogiosas críticas y más tarde es considerada como una de las obras más bellas del panorama de la música europea del siglo XX. Sin embargo, el silencio de Ortega persiste. De nuevo Federico Sopeña comenta:

> *"En el panorama de la música europea no pocos, con Malipiero, dijeron que era la obra más bella de la música del siglo XX. Aunque sea insistir he de recordar que oído y sentido* El Retablo *la famosa* Deshumanización del arte *de don José Ortega hubiera sido distinta."* (1988: 127)

Y más adelante vuelve a insistir:

> *"Si conoció Ortega* El Retablo *no se explica su largo ensayo sobre* La deshumanización del arte *[...]. En este año, ya con la* Revista de Occidente *viento en popa y con Salazar en* El Sol *como pontífice máximo, no se explica este aparente desconocimiento mutuo, pero yo sostengo que con* El Retablo *oído y querido, ese ensayo de Ortega reclamaba una excepción, una excepción de alegre ternura que es* El Retablo *en la época en que primaba como valor fundamental el ingenio y el formalismo."* (1988: 128-129)

Precisamente en toda la obra de Falla, y, sobre todas las demás, quizá *"El Retablo"*, la estética predominante está más cerca de lo popular que de lo puramente artístico, debido a este neoclasicismo y neonacionalismo que impregna todo el catálogo del compositor gaditano. Este hecho hace que las tesis propuestas por Ortega acerca del alejamiento del artista respecto del público expuestas tanto en *"Musicalia"* como en la *"Deshumanización del arte"* sean matizadas por Falla realizando una música enraizada en lo popular y en lo clásico y, aun haciendo de la música española arte universal, siempre manteniendo la expresión por encima del ingenio artístico y de la novedad y los avances de vanguardia.

El archivo Manuel de Falla cuenta con una buena colección de diversas ediciones del "Quijote", por lo que podemos estar seguros de que Falla había leído con asiduidad la obra de Cervantes. También es casi seguro que Falla leyera los artículos de Ortega publicados en la Revista de Occidente. Para la preparación del "Retablo" Falla tuvo como referencia las antiguas conferencias y transcripciones de Cecilio de Roda, que le dieron algunas ideas acerca de cómo pudo ser la música en la época del "Quijote". Lo que no sabemos a ciencia cierta es si Falla tuvo conocimiento de las *"Meditaciones"* de Ortega, pero, aún habiendo muchos otros capítulos interesantes y divertidos en el libro cervantino, Falla eligió el del *"Retablo"*. ¿Por qué?. Desde luego, se adaptaba a la perfección a la idea de escribir una ópera de cámara para la princesa de Polignac, y Falla ya había estado acompañando al piano las representaciones de teatro de títeres que tanto interesaban a Federico García Lorca. De todos modos sabemos que de pequeño Falla jugaba frecuentemente con teatrillos de títeres, de larga tradición gaditana. Pero quizá porque, sin duda, este es uno de los capítulos más representativos del "Quijote", en el que Cervantes "pinta" un maravilloso retablo representativo de esta época tan interesante del barroco español y donde plantea un interesante juego entre realidad y representación.

Sin embargo, Ortega está al tanto de las novedades musicales europeas y, desde *"El Espectador"* expone su opinión crítica acerca de múltiples asuntos, entre ellos el arte y, cómo no, la música. Por ejemplo, en el artículo *"Musicalia"*, de 1921, no hace alusión alguna al compositor español, pero sin embargo, habla de Claude Debussy e Igor Strawinsky. En otro de los artículos de *"El Espectador"* , también de 1921, titulado *"Apatía artística"*, comenta la música de Strawinsky, y, de nuevo, nada acerca de Falla, lo cual es de extrañar, sabiendo la relación existente entre el compositor ruso, Falla y Debusssy.

La relación de amistad de Falla con Zuloaga y la crítica estética de Ortega a la obra pictórica del pintor vasco en *"Adán en el paraíso"* (1910) podrían haber supuesto un acercamiento mutuo, pero tampoco fue así.

Parece ser que nunca tendremos la confirmación del hecho de si Falla y Ortega se llegaron a conocer o si entablaron algún tipo de contacto. Lo que sí sabemos es que en todo el Archivo Manuel de Falla no aparece ni una sola carta de Ortega a Falla ni de Falla a Ortega, solamente hay una colección de tarjetas con la referencia a la viuda de Ortega Munilla. Tampoco en el epistolario de Manuel de Falla con José María Pemán aparece referencia alguna a Ortega (ver Sánchez, 1991). Lo que sí parece es que Falla estaba bastante interesado en la posición que Ortega tenía ante la religión durante la polémica que surgió en torno al modernismo teológico y que tuvo lugar tanto en España como en Francia en aquella época.

Epílogo: *"Las Atlántidas"*

Igualmente podemos especular con una coincidencia más que la que relaciona a Falla con Ortega por el Quijote. Se trata de *"Las Atlántidas"*, escritas por Ortega en 1924. ¿En este caso, tuvo contacto directo Falla con estas lecturas?, ¿acaso le influyeron de algún modo para la composición de una nueva obra?. Lo cierto es que Falla comenzó la composición de su *"Atlántida"*, cantata escénica para coro y orquesta, poco después, en 1926, sobre un poema del catalán Jacinto Verdaguer. Es verdad que, del mismo modo que a principios de siglo el tema quijotesco era de comentario común entre los intelectuales de la época, un tiempo después, estaba en el aire el tema de la misteriosa civilización de Tartessos, situada entre Huelva y Cádiz, que Ortega y Gasset comentó como respuesta a un libro de Schulten. No podemos saber si Falla llegó a leer los escritos de Ortega, o incluso el libro de Schulten, o si, únicamente se embarcó en el proyecto por su radical actualidad e interés, siendo un tema que centraba de lleno el tema de una civilización desaparecida tan intrigante como la Atlántida, situada, según parecía, en la costa andaluza, en territorio español. El proceso de composición de la obra fue larguísimo, tanto, que quedó incompleta, y, tras la muerte de Falla, se encargó su conclusión a su discípulo Ernesto Halffter. ¿Una coincidencia más, o realmente Falla encontró un nuevo motivo para la composición en la obra de Ortega?.

5. Lectura fenomenológica del *Retablo*. La representación, la realidad y sus interpretaciones

Según la concepción orteguiana, la cultura y el acto creador son una invención en su inicio, son una idea. En las *"Meditaciones del Quijote"*, Ortega expone su teoría filosófica basada en la fenomenología de Husserl.

Edmund Husserl (1859-1938) concibe la estructura del mundo como una perspectiva, no física, sino cultural: el mundo es una perspectiva dilatada en el tiempo, en el sentido de que las enseñanzas del pasado se nos son transferidas. El mundo no es la totalidad de los hechos, como indica el positivismo, sino una perspectiva. La vida humana es un proyecto, y como el proyecto es una idea, la vida está dirigida por una idea: así concibe Husserl el idealismo.

Ortega cree que la vocación y la profesión, por un lado, y la familia por otro, son los dos proyectos del hombre en su vida: la fenomenología es una reflexión acerca de la vida ordinaria, lo absoluto es la "actitud natural". El filósofo es, por tanto, un "observador de la realidad", es "espectador desinteresado". De ahí los escritos de Ortega recogidos dentro de la colección *"El Espectador"*.

Husserl supera cualquier teoría representacionista propia del racionalismo, porque la percepción es la realidad, no la representación de algo, en contra de la concepción propia del idealismo.

En *"La deshumanización del arte"* (1925), en su capítulo "Unas gotas de Fenomenología", Ortega, por medio de un maravilloso ejemplo, nos da a conocer en qué consiste la fenomenología. Un hombre agoniza en su lecho, mientras su mujer, el médico, un periodista y un pintor asisten a la escena. El punto de vista o perspectiva de cada uno de ellos es completamente distinto, más distante conforme la relación con el hecho es menor (la del pintor es la menos vinculante). Por tanto, la perspectiva de cada uno viene dada por las vivencias particulares de cada cual y su posición en el mundo:

> *"Resulta, pues, que una misma realidad se quiebra en muchas realidades divergentes cuando es mirada desde puntos de vista distintos. Y nos ocurre preguntarnos: ¿cuál de esas múltiples realidades es la verdadera, la auténtica? Cualquiera decisión que tomemos será arbitraria. Nuestra preferencia por una u otra sólo puede fundarse en el capricho. Todas esas realidades son equivalentes, cada una la auténtica para su congruo punto de vista. Lo único que podemos hacer es clasificar estos puntos de vista y elegir entre ellos el que prácticamente parezca más normal o más espontáneo. Así llegaremos a una noción nada absoluta, pero, al menos, práctica y normativa de realidad."* (1987: 360-361)

Esta manera de describir la realidad como un hecho multiforme aparece ya en las *"Meditaciones"* en el capítulo "El bosque".

El lector del Quijote va lanzado en la aventura de forma que llega un instante en que toma la aventura como verdadera realidad. Cervantes ha representado maravillosamente esta mecánica psicológica del lector en el proceso que sigue Don Quijote ante el *"Retablo de Maese Pedro"*.

Ortega analiza con detalle el "cuadro" que representa Cervantes del "Retablo", al cual compara con "Las Meninas" o "Las Hilanderas" de Velázquez, todas ellas representaciones de la realidad, en una época, el Barroco, considerada como la época de la representación:

> *"Los bastidores del teatro que anda mostrando maese Pedro son frontera de dos continentes espirituales. Hacia dentro, el retablo constriñe un orbe fantástico, articulado por el genio de lo imposible: es el ámbito de la aventura, de la imaginación, del mito. Hacia fuera, se hace lugar un aposento donde se agrupan unos cuantos hombres ingenuos, de estos que vemos a todas horas en el pobre afán de vivir. En medio de ellos está un mentecato, un hidalgo de nuestra vecindad, que una mañana abandonó el pueblo impelido por una pequeña anomalía anatómica de sus centros cerebrales. Nada nos impide entrar en este aposento: podríamos respirar en su atmósfera y tocar a los presentes en el hombro, pues son de nuestro mismo tejido y condición. Sin embargo, este aposento está a su vez incluso en un libro, es decir, en otro como retablo más amplio que el primero."*
> (1981: 95-96)

Así, Cervantes plantea dos mundos distintos (el real y el de la representación) con un mediador entre ellos, don Quijote, todos representados dentro de un libro, *"El Quijote"*.

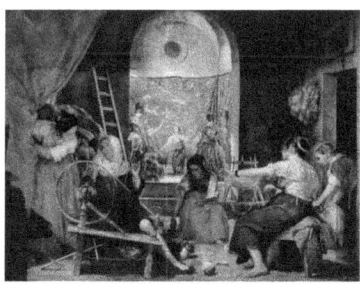

"Las Hilanderas" (1644-1648) de Diego Velázquez

Falla, seguramente consciente de que "El Retablo" es un juego dialéctico entre realidad y ficción, plantea su "Retablo" musical de modo que lo real esté presente en la voz humana. Así, en lugar de escribir un ópera siguiendo los modelos italianos o wagnerianos, propone para el personaje del Trujamán una forma de canto hablado, o declamado silábico al modo de los pregoneros de los pueblos manchegos.

La realidad es por sí misma antipoética, dado que lo imaginario es por sí mismo poético. Don Quijote, es real, y, en su realidad, *"quiere realmente y voluntariamente aventuras",* que aporta con este deseo, la dosis poética necesaria para la novela.

En la novela, la realidad entra en la poesía potenciando la aventura y elevándola de rango estético. *"Ello es que lo referido en los libros de caballerías tiene realidad dentro de la fantasía de Don Quijote, el cual, a su vez, goza de una indubitable existencia. De modo que, aunque la novela realista haya nacido como oposición a la llamada novela imaginaria, lleva dentro de sí infartada la aventura".* (Ortega, 1981: 98)

Lo real puede existir en la novela cuando se lo lleva al terreno de la poesía, de la aventura, de lo mítico, de lo irreal. La novela realista describe el proceso mismo, mientras que la novela de imaginación describe sólo el objeto producido, la aventura:

> *"[...] la realidad, lo actual, puede convertirse en sustancia poética. Por sí misma, mirada en sentido directo, no lo sería nunca; esto es privilegio de lo mítico. Mas podemos tomarla como destrucción del mito, como crítica del mito. [...] La realidad no se hace poética ni entra en la obra de arte, sino sólo aquel gesto o movimiento suyo en que reabsorbe lo ideal."* (Ortega, 1981: 100)

En *"Sobre el concepto de sensación",* (1913), el primer texto sobre fenomenología escrito en español, Ortega analiza el tema de la intuición fenomenológica. La percepción de una realidad u objetividad patente, como es el caso del "Retablo", no implica que lo que ve don Quijote, que es una alucinación, no sea tan real para él como lo que ven sus vecinos en la representación del Retablo. La única diferencia estriba en que lo que ve don Quijote es real sólo en su imaginación, para él "el mito" de los libros de caballerías es tan real como los molinos de viento para Sancho Panza. (San Martín, 1994: 232-238)

En el "Retablo", Cervantes representa lo virtual o imaginario y lo real como dos caras de la misma moneda, lo latente y lo patente, "profundidad y superficie", idealismo y realismo, razón pura y razón práctica. Es un juego que permanece en todo el Quijote, y que, para Navarro Ledesma , son aspectos que vio Cervantes antes que ningún otro, incluso mucho antes que el propio Kant. (San Martín, 2006: 197-198). De hecho, la propia novela, como género, constituye una representación poética de la realidad, donde, a modo de "gran Retablo cervantino", el lector va siguiendo la aventura que se le presenta como espectador dentro de una realidad fingida.

6. La novela como representación poética de la realidad

En la *"Meditación primera. Breve tratado de la novela"*, Ortega intenta explicar el fracaso de la novelística de Pío Baroja porque no cumple la función del arte.

Ortega, sin embargo, se equivoca al opinar que la novela, en el siglo XX está en decadencia y va a "extinguirse", cuando, quizá en esta época es el género que más se ha desarrollado y popularizado. Esta idea de Ortega la desarrolla en su escrito *"Ideas sobre la novela"* de 1925:

> *"En suma, creo que el género novela, si no está irremediablemente agotado, se halla, de cierto, en su periodo último y padece una tal penuria de temas posibles, que el escritor necesita compensarla con la exquisita calidad de los demás ingredientes necesarios para integrar un cuerpo de novela."* (1987: 390)

Su opinión acerca del género no cambia desde el año 1914, y, así comenta más tarde en *"Ideas sobre la novela"*:

> *"Hace más de diez años que en las* Meditaciones del Quijote *atribuía yo a la novela moderna, como misión esencial, describir una atmósfera a diferencia de otras formas épicas —la epopeya, el cuento, la novela de aventuras, el melodrama y el folletín— que refieren una acción concreta, de línea y curso muy definidos. [...] Posteriormente sólo he tenido ocasión de afirmarme en aquel primer pensamiento."* (1987: 403)

Ortega critica, por una parte, a Baroja por sus personajes, que son decimonónicos", pero también pretende contestar a Unamuno por su noción de "héroe", basada en el idealismo.

Para Ortega, el "héroe" es una figura del mundo real, no tiene nada que ver con el idealismo:

> *"[...] existen hombres decididos a no contentarse con la realidad. [...] Se niegan a repetir los gestos que la costumbre, la tradición y, en resumen, los instintos biológicos les fuerzan a hacer. Estos hombres llamamos héroes. Porque ser héroe consiste en ser uno, uno mismo.[...] Cada movimiento que hace ha necesitado primero vencer a la costumbre e inventar una nueva manera de gesto".* (1981: 106-107)

La voluntad es una virtud del héroe, como la del propio don Quijote:

> *"Héroe es, decía, quien quiere ser él mismo [...] es un acto real de voluntad. Nada parecido en la épica. Por esto Don Quijote no es una figura épica, pero sí es un héroe".* (1981: 109)

Sin embargo según Ortega, el villano Sancho Panza es incapaz de heroicidad:

> *"Porque el villano piensa muy juiciosamente que todas las cosas malas sobrevienen al héroe porque se obstina en tal o cual propósito. [...] Ignora el rebasar y el sobrar de la vitalidad. Vive atenido a lo necesario y lo que hace lo hace por fuerza. Obra siempre empujado; sus acciones son reacciones. No le cabe en la cabeza que alguien se meta en andanzas por lo que no le va ni le viene".* (1981: 110-111)

El "Quijote" es una discusión sobre el "concepto de realidad", porque al final del Renacimiento y principios del Barroco es algo que se está permanentemente debatiendo.

Para comprender bien este concepto de realidad es importante tener en cuenta la estructura de las *"Meditaciones"*, que refleja tres conceptos de realidad: el concepto de realidad del "mito", el concepto de realidad de la novela y el concepto de realidad de la ciencia.

En las *"Novelas ejemplares"*, Cervantes elabora dos tipos de estructuras narrativas:

a) Los personajes son vulgares, no son importantes ni interesantes por sí mismos, sino la forma de contar y describirlos por parte del autor.

b) Los personajes y situaciones por sí mismos son interesantes, pero las situaciones no son reales.

En el primer caso, la estructura es propia de la novela moderna, en cambio la segunda estructura es, más bien, propia del mito, o de la novela de aventuras.

Cuando ha pasado la época del mito llega la época de la ciencia. Pero la novela recupera un cierto sentido de realidad (perdido en parte por el sentido cartesiano) llevándolo al mundo de la poesía. Descartes había simplificado y racionalizado todo en contra de la idea del Barroco español.

Según Ortega ha habido dos épocas: la época del "mito" y la época de la novela. La "novela" no tiene nada que ver con la "épica", son géneros muy diferentes:

"Novela y épica son justamente lo contrario. El tema de la épica es el pasado como tal pasado: háblasenos en ella de un mundo que fue y concluyó, de una edad mítica cuya antigüedad no es del mismo modo un pretérito que lo es cualquier tiempo histórico remoto.[...] El pasado épico no es nuestro pasado". (1981: 83)

La realidad en el "mito" está en las "ideas" de Platón. En la época del "mito" (época clásica, Grecia y Roma) no se representa la vida cotidiana, generalmente. El mundo del "mito" no está sometido al "paso del tiempo". El "otro mundo", el "mundo clásico" es el mundo "fundante". Nuestro mundo está más allá. El "mito" explica las contradicciones del mundo real. El rapsoda en la obra épica *"no vive aquejado por el ansia de originalidad. Sabe que su canto no es sólo suyo".* (1981: 88)

El género épico tiene como tema al pasado como tal pasado, en cambio el tema de la novela es la actualidad como tal actualidad.

Los personajes de la épica son extraordinarios, inventados, por sí mismos son válidos y constan de valor poético, sin embargo los personajes de la novela son cotidianos, reales, extrapoéticos, posibles.

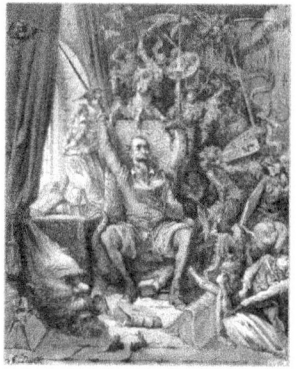

Don Quixote, por Gustavo Doré

Para Ortega los libros de caballerías constan de características propias del género épico, aunque sin la creencia en la realidad que se cuenta. Son, como en la épica, narrativos, pero la novela, por el contrario, es descriptiva, no narrativa. Se narra el pasado y se describe lo actual.

Para "escapar" momentáneamente de la realidad del mundo, el lector halla en estos cuentos de aventuras épicas la salida al *"peso grave de la existencia".*

Frente a la "época del mito", Ortega, desde la modernidad, explica que somos herederos de una época que sólo acepta lo patente, y no lo latente. Todo esto ocurre a partir de la modernidad cartesiana.

Ortega dice que estamos en una "edad resentida", "rencorosa", porque el mundo no debe vivir sin ideales, sólo en la apariencia, sólo en lo patente o en la pura superficie. Esto ha llevado a las destrucciones masivas, genocidios y guerras mundiales, por el rencor, que lleva al nihilismo de la sociedad. No es inocente dejar a la sociedad sin ideales, estamos en una "edad rencorosa".

La novela no recoge ni el concepto mítico ni el científico, tiene su propio concepto de realidad. Este tercer concepto de realidad es el que recupera Cervantes, emplea la poesía para la realidad de la novela. Es tomar lo real como nuestras posibilidades, eso es lo real, la vida ordinaria: este es un concepto de vida fenomenológico.

A través de un personaje real (el Quijote), Cervantes muestra el mundo mítico, para superar este mundo mítico. En el *"Retablo de Maese Pedro"* Cervantes hace jirones el mundo mítico, lo destruye a través del personaje de don Quijote.

> *"El germen del realismo se halla en un cierto impulso que lleva al hombre a imitar lo característico de sus semejantes o de los animales. [...] Ahora bien, no se imita por imitar [...] El que imita, imita para burlarse. Aquí tenemos el origen que buscamos: el mimo. Sólo, pues, con motivo de una intención cómica parece adquirir la realidad un interés estético".* (1981: 104-105)

Este es el gran descubrimiento de Cervantes: con el Quijote es capaz de elevar a categoría estética lo que, en principio no lo es, la realidad cotidiana a través de la comicidad. Según Ortega la comedia es el género más cercano a la realidad, y, por tanto, propio de la novela:

> *"De la comedia nace, a su vez, el diálogo —un género que no ha podido lograr independencia. El diálogo de Platón describe lo real y también se burla de lo real. Cuando trasciende de lo cómico es que se apoya en un interés extrapoético -el científico. [...] Nace, pues, la novela llevando dentro el aguijón cómico. [...] La crítica, la zumba, no es un ornamento inesencial en el Quijote, sino que forma la textura misma del género, tal vez de todo realismo".* (1981: 105)

Así, toda novela nace de la comedia, que no es sino representación de la realidad.

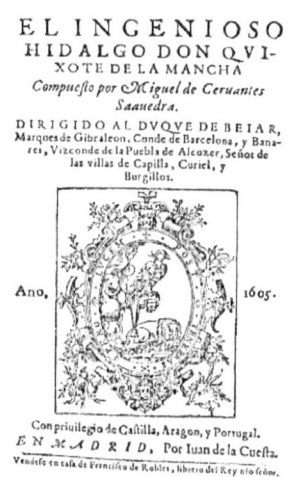

Portada de la 4ª Edición de El Quijote (1605)

El cine como representación contemporánea de la novela: la adaptación cinematográfica de "El Retablo de Maese Pedro"

La representación contemporánea de la novela se encuentra en el arte cinematográfico, y Falla había centrado sus mayores energías en las representaciones escénicas. Se conocen las circunstancias históricas que propiciaron la creación y el estreno de *"La vida breve"* y de *"El retablo de Maese Pedro"*, así como las relaciones continuadas de Falla con el teatro, ejemplificadas en la aparición de una veintena de proyectos líricos fallidos que revelan las inquietudes escénicas del músico. Entre ellos se ha descubierto la existencia de un sainete concebido en 1920 en colaboración con Carlos Arniches, y de un ballet de cámara inspirado en unos versos de Antonio Machado, planeado en 1921 junto con Cipriano Rivas Cherif y La Argentina.

Según Elena Torres [2], Falla también había preparado la adaptación cinematográfica de *"El retablo de Maese Pedro"*, pero no tuvo tiempo de concretar lo que hubiera constituido una nueva versión dramático-musical de *"El retablo"*; pero sí pudo introducirse al final de sus días en uno de los capítulos de mayor proyección para la música del siglo XX, la empresa cinematográfica, y exploró los nuevos mecanismos de integración de los discursos musical y literario que la pantalla ponía a disposición del artista, extrapolables, de otro lado, al ámbito teatral en el que Falla se hallaba inmerso desde que en 1927 iniciara la creación de Atlántida.

Fueron varias las ofertas recibidas por Falla para realizar la versión cinematográfica de la obra. Según el propio Falla, recibió una primera oferta del prestigioso director de orquesta alemán Hermann Scherchen. Pero, según lo que muestra la

[2] Torres Clemente, Elena, *Las óperas de Manuel de Falla: interconexiones entre música, texto y acción dramática*, tesis doctoral, Universidad de Granada, 2004

correspondencia conservada, el proyecto definitivo de llevar la obra al cine se llevó a cabo gracias a los estudios cinematográficos *San Miguel,* dirigidos por Miguel Machinandiarena, en torno a 1943. Se contó con la participación de Luis Saslavsky –director, guionista y crítico argentino del primer período del cine sonoro, reconocido por la sofisticada composición visual de sus obras–, de Alberto de Zabalía –considerado junto a Saslavsky el «gran artista de la imagen del cine argentino»– y del dramaturgo español Alejandro Casona.

7. Pensamiento filosófico orteguiano: su teoría de la cultura

Las *"Meditaciones del Quijote"* constituyen todo un planteamiento de la filosofía orteguiana.

El tema principal de la filosofía de Ortega es "la vida humana individual" como concepto filosófico. Su frase más conocida, presente en el libro, compendia el significado principal de su filosofía:

> *"Yo soy yo y mi circunstancia, y si no la salvo a ella no me salvo yo"* (en *"Meditaciones del Quijote"*) (1981: 25)

La vida humana individual es un todo indivisible que tiene dos ingredientes: el "yo personal" y la "circunstancia o mundo". Según Ortega, hay que salvar a la circunstancia para salvar al "yo", por tanto, si algo ha de ser salvado es porque está amenazado. El "yo" está en el mundo, pero el mundo ignora al "yo". El "yo" no está en el mundo para conocer el mundo (*gnoseología*), según la idea que impera desde el pensamiento griego, sino que puede conocer el mundo, pero es para salvar al "yo". Lo "cognoscitivo" es una dimensión más de lo pragmático.

La realidad está constituida por una estructura de acontecimientos. Por muy racional que sea el hombre, o sensible, o corpóreo, hay otro dato (factum) previo, la libertad del "yo".

La teoría de la cultura de Ortega es difícil de entender. Según Ortega, Grecia descubre el concepto de cultura, lo anterior a la cultura griega "no es humano".

Ortega concibe la cultura como el sentido: esto es lo radicalmente importante de la filosofía española. La cultura es el conjunto de los sentidos de un pueblo.

En *"Los Molinos de Viento"* de las *"Meditaciones"* da un concepto de cultura cuando habla de la idea de los "gigantes":

> *"Verdad es que don Quijote no anda en su juicio. [...] Lo que en él es anormal, ha sido y seguirá siendo normal en la humanidad. [...] ¿De dónde ha sacado el hombre los gigantes? Porque ni los hubo ni los hay en realidad. Fuere como fuere, la ocasión en que el hombre pensó por vez primera los gigantes no se diferencia en nada esencial de esta escena cervantina. [...]"* (1981: 101)

Según Ortega, en algún momento de la humanidad surge la idea de "gigante". Este hecho, esta idea, forma parte de la cultura de un pueblo.

La cultura es toda obra del espíritu, que no son más que espejismos que se producen en la materia. La cultura es una ilusión *"puesta como un espejismo sobre la tierra"*. El conjunto de los conceptos, de los sentidos y de los objetos es la cultura, según Ortega.

Ortega explica el sentido de la percepción a través de dos formas que tiene el yo: el "yo orangután", la vida espontánea e inmediata y el "yo social", la cultura.

También habla Ortega de creación al afirmar que el acto específicamente cultural es el creador. El concepto, el sentido, es anterior al lenguaje, la percepción implica sentido, pero no lenguaje.

El arte permite representar el ser, solamente el arte es capaz de darnos las "cosas en sí mismas". Cuando Ortega dice: "La cultura es *logos*" quiere decir "La cultura es lenguaje". Todo lenguaje es cultura, por tanto, como el lenguaje de la música.

El ser definitivo del mundo no es materia ni es alma, no es cosa alguna determinada, sino una perspectiva: la cultura. Ortega relaciona la cultura con la vida inmediata, con la espontaneidad. En sus apuntes sobre *"El Retablo"*, Falla puntualiza que *"todo debe producir la impresión de una cosa hecha al desgaire...la impresión de lo improvisado"*. (cit. por Casares, 2002: 911). Y es que la realidad es pura espontaneidad.

Para Husserl la percepción es un sentido o perspectiva. "Lo que percibo del mundo es el sentido": la perspectiva (cuando veo una naranja no la veo entera, pero la reconozco como naranja). Es idealismo, porque el sentido son las ideas: "El mundo es perspectiva, sentido, cultura, idea".

Husserl cree en el "sentido" a través de la percepción, pero no insiste en que a través del cuerpo estamos en la consistencia del mundo. Las sensaciones vividas están acopladas al cuerpo y, por eso, al mundo. El mundo es sentido, pero lo que aparece en la percepción es lo real (la consistencia del mundo). La prueba de la realidad es el cuerpo físico sobre el cuerpo vivido, es lo que nos da la consistencia en el mundo. Este planteamiento, sin embargo, no es idealismo, Husserl recupera la objetividad, pone el sentido y la realidad.

Los cuatro primeros puntos de la *"Meditación preliminar"* son fundamentales para comprender la filosofía de Ortega y su teoría del conocimiento.

Para Ortega habría tres elementos: la materia (lo físico), el alma (lo psíquico) y la idea o perspectiva (la cultura). La "perspectiva" orteguiana constituye la interpretación del mundo desde una cultura concreta.

> *"Las interpretaciones que hacemos de las cosas se condensan hasta formar una objetividad que viene a ser una duplicación de la primaria, de la llamada real. Nace de aquí un perenne conflicto: la "idea" o "sentido" de cada cosa y su "materialidad" aspiran a encajarse una en otra.*

> *Lo que llamamos realismo consiste en poner las cosas bajo una luz, inclinarlas de modo que se acentúe la vertiente de ellas que baja hacia la pura materialidad"* (Ortega, 1981)

Con una metáfora Ortega explica la teoría de la reducción fenomenológica: el bosque.

En "El Bosque" expone la teoría de la "reducción fenomenológica". Hay que entenderlo como una reconducción de la realidad a la subjetividad:

> *"El bosque es una suma de posibles actos nuestros, que, al realizarse, perderían su valor genuino"* (1981: 35)

El bosque es una "realidad latente". Es eso que está más allá, y se me escapa. Siempre se escapa, porque el bosque es lo latente que está detrás de los árboles. Los senderos que puedo recorrer… son una posibilidad. El bosque es una "experiencia mía". La realidad se convierte en nuestras posibilidades. Se trata de la "reconducción" (o reducción de las posibilidades del sujeto

Ortega reduce (reconduce) el "bosque" a la subjetividad: el "bosque" es una alegoría del "mundo". Los "árboles" que veo de este bosque son la parte patente, el "bosque" entero es la parte latente. Lo latente y lo patente pertenecen al mundo real (lo subjetivo y lo objetivo). Para llegar a la reducción fenomenológica es necesario "poner entre paréntesis al mundo", es necesaria la *epojé* (o "detención" del mundo para poder efectuar esta reconducción)

En "Profundidad y superficie" Ortega afirma que la realidad es una dialéctica de lo profundo y lo superficial. Lo latente versus lo patente. La percepción exige la idea (p.e. una naranja y la idea de naranja).

En "Arroyos y oropéndolas" Ortega afirma que son los sonidos los que dan la amplitud, la profundidad del espacio, pero se requiere un esfuerzo para interpretarlos.

> *"El mundo profundo es tan claro como el superficial, sólo que exige más de nosotros".* (1981: 40)

En "Trasmundos" aparece la teoría de la verdad de Ortega, la "alétheia".

De repente en una presencia se da una latencia (sentido), es manifestación de lo que es (la verdad). Es una reconducción de lo latente al sujeto, de forma que no haya subjetividad. La percepción la pone en el sujeto. La razón hay que verla en la legitimidad de las cosas del mundo originariamente.

> *"Dejemos con sinceridad que las cosas hablen por sí mismas"* (Husserl)

La filosofía de Ortega es, por tanto, pura fenomenología: la filosofía no se basa en la razón pura, como creyó Kant (según la idea cartesiana). Para Ortega el *"cógito cartesiano"* no es sólo pensar, sino "pensar con" (algo material, o circunstancial). Ortega supone la superación del idealismo a partir del análisis del *"cógito cartesiano"*.

La fenomenología de Husserl es un análisis de los mecanismos de la razón: descubre "la intencionalidad de la conciencia". El idealismo de Kant dice que nunca llegamos a las cosas, a su esencia, porque el objeto se reduce a nada (sujeto-objeto), por lo que la única forma de "escapar" de la problemática de la metafísica es a través del cientificismo y el empirismo.

Si dejamos al lado las corrientes de la filosofía analítica y el marxismo, nos queda la fenomenología de Husserl u Ortega, que parte del idealismo kantiano.

8. El "Retablo" de Falla como fenomenología de la sublimación artística

En el *"Ensayo de estética a manera de prólogo"*, Ortega plantea que el arte permite representar el ser, solamente el arte es capaz de darnos las "cosas en sí mismas". La realidad se convierte en nuestras posibilidades. Se trata de la reconducción (reducción) de las posibilidades del sujeto a través de la *epojé* o "suspensión" del mundo. Para Ortega, "el acto específicamente cultural es el creador.

Por tanto, ¿constituye el proceso de composición musical, así como la creación de toda obra de arte una reducción fenomenológica de la realidad en subjetividad? ¿El *"Retablo"* de Falla es una consecuencia de la *epojé* que llevó a cabo su autor?. Para todo acto creador sería necesario un procedimiento de "reducción fenomenológica" , de, como lo entiende Husserl, "poner entre paréntesis" al mundo, en nuestro caso, el mundo musical, de prescindir de él, de todo, para llegar a la pura conciencia, a la "conciencia trascendental":

"Mi conciencia se hace presente y se contempla a sí misma, adviniendo a la intuición de la esencia dada en el dato al poner el mundo entre paréntesis *o* fuera de juego*; de este modo, se supera el yo ingenuo comprometido con el mundo, de la subjetividad, de Dios, de todo, en fin, lo cual, en principio, podría constituir una dificultad para intuir la esencia pura, así que debe seguirse de aquí la necesaria* descripción *de las esencias. La descripción fenomenológica determina esteras eidéticas regionales autónomas, aunque es posible avanzar más lejos; efectivamente, si lo que se deja* fuera de juego *o*

entre paréntesis *no son solamente el mundo y la subjetividad, sino absolutamente todo lo que no sea la pura conciencia, es evidente que el* residuo *no eliminable es la misma* conciencia trascendental, *de modo que hay algo que no es reducible y esto es la* región de la conciencia pura, *que es* el campo fundamental de la fenomenología. " (Husserl, 1949: cap. 50)

Porque, de algún modo, el proceso de composición musical se asemeja bastante al "bosque" de las *"Meditaciones del Quijote"* de Ortega. El compositor no puede "ver todo el bosque", que representa todas las posibilidades de elección creativa, sólo puede ver "algunos árboles" en su proceso de "reducción fenomenológica, en su elección subjetiva de posibilidades, y, así, poco a poco, va siguiendo una de las "veredas" posibles dentro de este "bosque" para ir configurando la composición. *"El bosque es una suma de posibles actos nuestros"* (1981: 35), es una suma de posibles elecciones creativas.

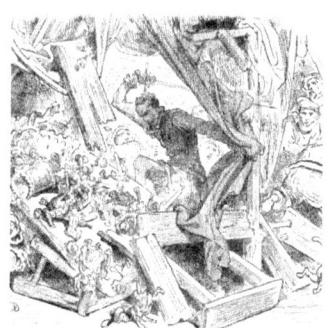

Don Quijote destruye el Retablo

El arte, según Ortega, surge de las incapacidades de la ciencia, de su "tragedia" por no poder determinar aspectos tan complejos como "la vitalidad" de las cosas, lo "vital" : *"El método del arte es* método de individuación y concretización. *El arte nace para construir este nuevo mundo de pura vitalidad; como el arte no puede darnos la totalidad real de las relaciones, las finge, nos da la forma de la vida, volviendo a juntar de nuevo lo material y espiritual, hallando en el punto de partida un criterio para distinguir las artes."* (San Martín, 1994: 265)

La cultura son ideas, y, para llegar a las ideas en su estado más puro es necesario "suspenderse del mundo", este es el más puro acto de creación. Para la creación del Retablo, Falla tuvo que dar con la idea a través de un acto en soledad y poniéndose "en paréntesis del mundo". El *"Retablo de Maese Pedro"* no es más que una idea, una perspectiva del mundo del propio Manuel de Falla.

II. EL HISTORICISMO RADICAL DE JOSÉ GAOS. BIOGRAFÍA, CONFESIÓN, VOCACIÓN Y CREACIÓN EN UN FILÓSOFO, GAOS, Y UN COMPOSITOR, FALLA

9. Introducción

En este trabajo [3] se exponen las ideas de José Gaos acerca de la historicidad de la Filosofía, cuya solución está en una personal "filosofía de la Filosofía". A través de la confesión, el creador de ideas, ya sea filósofo o compositor, da a conocer su biografía y vocación, que forman parte de la "razón vital". Tanto el compositor como el filósofo encuentran en el acto de creación un placer por alcanzar el poder del creador, que resulta ser un acto de soberbia. Pero tal acto creador necesita de la soledad y el ascetismo para la concepción de las ideas por medio de la inspiración. Tanto la creación musical, como la creación de ideas, la filosofía, no se pueden entender si no es desde un punto de vista historicista: ni el relativismo ni el racionalismo son capaces de alcanzar la verdad sin la ayuda de la perspectiva histórica.

Palabras clave: historicismo, José Gaos, razón vital, razón histórica, vocación, confesión, biografía, Manuel de Falla, soledad, soberbia, inspiración, acto creador, "epojé", relativismo, racionalismo

---

[3] Trabajo realizado para el curso de doctorado 2005-2006 *"La razón vital o histórica de Ortega y su herencia""* impartido por D. José Lasaga Medina en la Facultad de Filosofía de la Universidad Nacional de Educación a Distancia (UNED) de Madrid.

10. El historicismo radical en José Gaos

José Gaos nació en Ablaña, Asturias, en 1900. Hermano del poeta Vicente Gaos y de la actriz Lola Gaos, estudió filosofía en la "Universidad Central" de Madrid. Fue discípulo de Manuel García Morente, Xavier Zubiri y José Ortega y Gasset, y el primero de los pertenecientes a la denominada "Escuela de Madrid".

Trabajó como colaborador de la *"Revista de Occidente"* de la cual realiza su índice. Traduce muchos libros con Morente, por ejemplo, trabaja junto a él en la traducción de algunos de los libros de Husserl, entre ellos las *"Investigaciones lógicas"*. Para Gaos su *"primer verdadero maestro en filosofía fue Morente: por ciertos aspectos y en cierto sentido, incluso, el mayor"* (1958: 60)

Fue traductor del alemán al español de grandes obras de la Filosofía de autores como Kant, Hegel, Husserl, etc.. Por ejemplo, *"Ser y Tiempo"*, de Heidegger al español fue la primera traducción de esta obra del alemán a otro idioma, ya que las traducciones a otros idiomas como el francés y el inglés fueron muy posteriores.

Gaos tuvo muy buena relación con Ortega aunque apenas escribe sobre su filosofía en vida de éste. Tuvo un contacto muy continuado con él y, en muchas ocasiones le servía de interlocutor en largas y animadas reflexiones. Sin embargo, tras la muerte del maestro, se dedicó a estudiar su obra escribiendo en abundancia sobre su figura y pensamiento. Son frecuentes sus conferencias sobre la filosofía de Ortega, como las dictadas *"Ortega en política"* y *"Ortega y España"*, publicadas en *"Sobre Ortega y Gasset"* (1957). La influencia del maestro es evidente, y así lo reconoce el propio Gaos, aunque hay un cierto distanciamiento intelectual entre ellos dado el punto de vista crítico del discípulo:

> *"Precisar en todos los puntos hasta dónde lo que pienso es mera reproducción de esta filosofía – la de Ortega- o prolongación, reacción, ocurrencia mía, fuera interesante en una doble dirección inversa: reconocerle lo suyo y no achacarle lo que no querría aceptar. Pero tal puntualización me es imposible. Durante años he vivido en convivencia frecuentemente diaria con él. [...] Así, ya no sé si tal idea que pienso, si tal razonamiento que hago, si tal ejemplo o expresión de que me sirvo, lo he recibido de él [...] o se me ocurrió aparte y después de la convivencia con él. Alguna vez me ha sucedido comprobar que tal idea o expresión que consideraba como mía me la había apropiado de él, asimilándomela hasta el punto de olvidar su origen. Lo que no quiere decir que ni siquiera en los días de la convivencia más frecuente e íntima con él estuviera con él de acuerdo en todo."* (1958: 75)

Gaos se mantiene fiel a la República, permaneciendo durante mucho tiempo como militante del PSOE. Tras la Guerra Civil, en 1939, se exilia en Méjico, donde ejerce la docencia en la Universidad Nacional Autónoma, formando a varias generaciones de filósofos, por lo cual es considerado el gran filósofo mejicano, el padre de la filosofía mejicana. Funda el Colegio de Méjico, y pone en marcha varias editoriales. José Gaos murió en Ciudad de Méjico en 1969.

Se pueden distinguir dos vertientes en la filosofía de Gaos: por un lado su desarrollo de una historia de las ideas o "historicismo", por otro su filosofía personal, de orientación fenomenológico-existencialista, que él mismo denominó "filosofía de la Filosofía".

La producción de Gaos, por tanto, podemos clasificarla en dos categorías: filosofía de la cultura y filosofía pura, lógica.

a) Historia de las ideas (filosofía de la cultura)

Gaos, como historiador de las ideas, escribe abundantes libros:

"El pensamiento hispanoamericano" (1944) (Filosofía hispana)

"Pensamiento de lengua española" (1946) (Filosofía hispana)

"El encuentro de Oriente y Occidente" (1948)

"En torno a la filosofía mexicana" (1952)

"Historia de las concepciones del mundo" (Sistemática de la historia de la Filosofía como historia de las ideas, sociología, historia y filosofía)

"Sobre Ortega y Gasset" (1957)

"Confesiones profesionales" (1958) (Autobiografía intelectual)

b) Filosofía de la Filosofía (filosofía pura, lógica)

Problema de la verdad (problema lógico-semántico)

"Dos exclusivas del hombre. La mano y el tiempo" (1945)

"Filosofía de la filosofía e historia de la filosofía" (1947)

"Discurso de la filosofía" (1954)

"De la Filosofía" (1962) (filosofía de la Filosofía)

"Del hombre" (1970) (Antropología filosófica)

Para Gaos, el tema importante de la Filosofía es la historia de la filosofía, el historicismo. Distingue tres momentos fundamentales en la historia de la filosofía moderna:

a) <u>Descartes</u> → y el giro a la "subjetividad", que procede de la crisis del Renacimiento. Este tema está planteado en *"En torno a Galileo"*, de Ortega. Crisis que procede del cambio de la filosofía aristotélico-tomista al pensamiento moderno.

b) <u>Kant</u> → la solución de la historia de la filosofía para fundamentar la verdad es, o la clásica (aristotelismo) o la moderna (Kant)

c) <u>Heidegger y Husserl</u> → constituyen el esfuerzo por refundar la filosofía como ciencia estricta, tras un periodo, desde Kant, donde la filosofía no se mueve de sus planteamientos iniciales.

Según Gaos la única forma de filosofía hispánica está vinculada al historicismo, es la manera en que el pensador hispano tiene de relacionarse con la historia de las ideas. La filosofía de las *"Meditaciones del Quijote"* no constituye una filosofía sistemática como la de Heidegger, sino una filosofía personal basada en la visión única de su autor. Sin embargo, no deja de ser una fuente de conocimiento y un camino íntimo de búsqueda de la verdad. Por lo tanto, las *"Meditaciones"* son Filosofía, aunque no contenga un pensamiento sistemático. De este modo, la filosofía hispánica, aun constituyendo un pensamiento personal, sigue siendo Filosofía: *¡Historicismo por hispanismo y personalismo!* (1958: 115)

La única solución para la Filosofía, nos dice Gaos, se encuentra en su historicidad. La filosofía no es más que la "historia de la filosofía", según José Gaos:

> *"De lo que se trata en el fondo es nada menos que lo siguiente: de confinar a la Filosofía en ciertas formas pasadas o de dejarle abierta la posibilidad de nuevas formas en el futuro —o de dar por conclusa la historia de la Filosofía o no- o de concebir como esencial o no a la Filosofía su historia, o su historicidad."* (1958: 114)

La filosofía comienza siempre con una crisis histórica. Gaos cree que los sucesivos cambios en las ideas de la humanidad son debidos a un "reiterado tambalearse del mundo en torno del hombre". Ha habido en la Historia varios "tambaleos": primero la crisis del mundo griego por la pérdida de hegemonía de Atenas, más tarde la crisis del cristianismo al final de la Edad Media, durante el Renacimiento, la crisis del mundo racional del Barroco y la Ilustración y, por último, la crisis del ciencismo y el positivismo del siglo XIX. Cada una de las crisis ha tenido como consecuencia la aparición de nuevos sistemas de pensamiento.

Las filosofías de la Filosofía han dado lugar a dos caminos: uno, el de la *Lógica de la Filosofía* y otro el de la *Psicología del Filósofo*. En el primer caso se trata de las investigaciones que han centrado su objetivo en aclarar y sistematizar los métodos y las formas de conocimiento a través de la ciencia, pero desde muy temprano la Lógica de la Filosofía ha dado lugar a la Psicología del Filósofo, dado que el pensamiento del hombre está influenciado directamente por la existencia vital del propio filósofo. Constituye un camino de búsqueda por medio de la antropología. El idealismo, por tanto, es psicologismo, y, como consecuencia, se convierte en escepticismo, según Gaos.

> *"El problema de la Filosofía es el de su verdad, amenazada por su historia"* (1958: 116)

Pero la única posible solución al problema de la historicidad de la Filosofía se puede encontrar en una muy personal filosofía de la Filosofía.

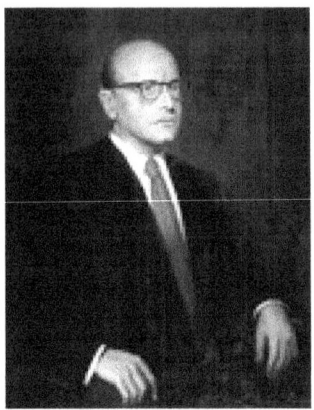

José Gaos

11. La razón vital o histórica: la filosofía como biografía

Para José Gaos la solución de la "razón histórica" se encuentra en la filosofía como biografía:

> "*La Psicología de la vocación filosófica derivó en conclusión, para mí, en una* auto-psicología *de la vocación filosófica, que, por una parte, no podía tener su fuente de conocimiento sino en la* autobiografía" (1958: 120)

La razón no es un absoluto, está remitida a la vida, y la vida humana está remitida a la historia. Es imposible la razón pura, porque se cae en el relativismo, por un lado, o en el racionalismo, por otro. De ahí surge la "razón vital" o "histórica".

Gaos considera a la biografía, y, por ende, a la autobiografía, como fuentes de conocimiento. Gaos, en este aspecto, sigue el pensamiento sobre la "razón vital" de Ortega.

El tema de la filosofía, según Ortega, es la "vida humana", la cual es una "realidad radical". Una de las formas de conocer la "razón vital" es a través de la biografía del hombre o su autobiografía. Ortega y Gasset plantea esta cuestión fundamentalmente en tres obras:

a) *"Meditaciones del Quijote"* (1.914)

b) *"El tema de nuestro tiempo"* (1.923)

c) *"¿Qué es filosofía?"* (1.929)

El tema principal de la filosofía de Ortega es "la vida humana individual" como concepto filosófico. Su frase más conocida compendia el significado principal de su filosofía:

> *"Yo soy yo y mi circunstancia, y si no la salvo a ella no me salvo yo"* (en *"Meditaciones del Quijote"*)

La vida humana individual es un todo indivisible que tiene dos ingredientes: el "yo personal" y la "circunstancia o mundo". Según Ortega, hay que salvar a la circunstancia para salvar al "Yo", por tanto, si algo ha de ser salvado es porque está amenazado. El "Yo" está en el mundo, pero el mundo ignora al "Yo". El "Yo" no está en el mundo para conocer el mundo según la idea que impera desde el pensamiento griego (la *gnoseología*), sino que puede conocer el mundo, pero es para salvar al "Yo". Lo "cognoscitivo" es una dimensión más de lo pragmático, de lo técnico:

> *"Vida individual, lo inmediato, la circunstancia, son diversos nombres para una misma cosa: aquellas porciones de la vida de que no se ha extraído todavía el espíritu que encierran, su lógos.[...] El ser definitivo del mundo no es materia ni alma, no es cosa alguna determinada, sino una perspectiva. Hemos de buscar para nuestra circunstancia, tal como ella es, precisamente en lo que tiene de limitación, de peculiaridad, el lugar acertado en la inmensa perspectiva del mundo. La reabsorción de la circunstancia es el destino concreto del hombre."* (en el prólogo "Lector…" de *"Meditaciones del Quijote"*)

El mundo es perspectiva, sentido, cultura, idea, por lo que salvando al mundo, a la circunstancia, a las ideas, a la cultura, salvamos al "Yo".

"El tema de nuestro tiempo" (1923) es una "antropología filosófica" o una "fenomenología antropológica". Trata de

convertir al hombre como centro perspectivista que se abre a la realidad. En la medida en que la filosofía es, no ha de ser idealista: ni "racionalismo" ni "relativismo":

> *"Y esto es […] lo que no puede ser: ni el absolutismo racionalista –que salva la razón y nulifica la vida-, ni el relativismo, que salva la vida evaporando la razón. La sensibilidad de la época que ahora comienza se caracteriza por su insumisión a ese dilema. No podemos satisfactoriamente instalarnos en ninguno de sus términos."* (Ortega, 1987: 162)

Según Kant, la razón alcanza la verdad, pero Ortega no está de acuerdo, porque la verdad kantiana es una verdad sin lugar ni tiempo, por lo que no sirve al Hombre. La vida es un sistema de relatividades y la razón es un sistema de abstracciones. El relativismo es escepticismo y el racionalismo antihistoricismo: para Ortega no hay forma de encajar ambas posturas. El problema constituye la "superación del idealismo", pero evitando los problemas adscritos a las salidas irracionalistas: *"Empezamos a sospechar que la historia, la vida, ni puede ni "debe" ser regida por principios, como los libros matemáticos".* (1987: 162)

Ortega postula como doctrina la aproximación de la cultura a la vida, y viceversa. Pero este asunto no está del todo resuelto en *"El tema de nuestro tiempo"*.

En *"¿Qué es filosofía?"* (1929) Ortega da un giro a su filosofía. Parece que, tras la publicación en 1.927 de *"Ser y Tiempo"* de Heidegger, Ortega cambia su forma de pensar y afirma que no se puede hacer positivismo en una filosofía antropológica.

Según Ortega, hay un "yo" viviendo en un "mundo", no hay cosas, lo que existen son acontecimientos. La vida humana es la realidad radical: *"La verdad radical es la coexistencia de mí con el mundo"*, *"Vivir es encontrarse en un mundo"*.

Y, por fin, Ortega llega a la conclusión definitiva para la "razón vital": la vida *"es lo que somos y lo que hacemos: es, pues, de todas las cosas la más próxima a cada cual". "Nuestra vida es nuestro ser". "Vivir es constantemente decidir lo que vamos a ser".* Gaos, retomando las ideas del maestro, llega a la conclusión de que la autobiografía es fuente de conocimiento, y la filosofía es perspectiva, ideas, cultura.

12. La confesión, la vocación, la biografía, la religión y la creación en un filósofo (Gaos) y un compositor (Falla)

Para Ortega todos somos creadores culturales, todos somos novelistas de nosotros mismos, todos tenemos mundos interiores: el hombre puede ser considerado como novelista de sí mismo, está obligado a recrear o crear cultura. Por este motivo, puede ser interesante comparar la "razón vital", los motivos y pensamientos de dos diferentes creadores de ideas, un filósofo y un compositor, que compartieron una misma nacionalidad y una misma época.

Manuel de Falla nace en Cádiz en 1876 y muere en Alta Gracia (Argentina) en 1946. José Gaos, como ya vimos, nace en 1900 y muere en 1969, por lo que ambos personajes fueron contemporáneos, del mismo modo que Ortega. Sin embargo, Ortega y Falla comparten la misma generación (Ortega nace en Madrid en 1883 y muere en la misma ciudad en 1955), siendo Gaos veinticuatro años más joven que Falla.

Las "*Confesiones profesionales*" escritas por José Gaos en 1958, plantean diversas cuestiones, de alguna forma resueltas o respondidas, al menos, en relación con la vocación del filósofo. En el pequeño libro Gaos se "desnuda" abiertamente para sus lectores y relata sus inicios en la Filosofía, cuáles fueron sus primeras lecturas filosóficas, y lo que piensa que es y constituye la propia Filosofía, desde su punto de vista de enseñante, lector y escritor de ideas. Con un estilo de escritura muy claro, Gaos plantea su opinión acerca de la filosofía de la Filosofía, el historicismo, la importancia de la biografía y los motivos que llevan al filósofo a filosofar.

José Gaos se plantea desde muy pronto una cuestión fundamental:

"¿Por qué me he decidido a hacer de la Filosofía, aunque sea por el rodeo de la enseñanza de ella, si es que es rodeo, mi profesión?" (1958: 118)

A través de la **confesión**, Gaos declara su *vocación* filosófica, la cual constituye su *profesión*, algo a lo que dedicamos una gran parte de tiempo en nuestras vidas, conformando nuestra propia *biografía*, lo que queremos ser. En esto, Gaos sigue a Ortega, tal y como plantea en la lección X de *¿Qué es filosofía?*:

"Vivir es constantemente decidir lo que vamos a ser […] ¡Un ser que consiste, más en lo que es, en lo que va a ser; por tanto, en lo que aún no es! Pues esta esencial, abismática paradoja es nuestra vida. […] Si nuestra vida consiste en decidir lo que vamos a ser, quiere decirse que en la raíz misma de nuestra vida hay un atributo temporal: decidir lo que vamos a ser, por tanto, el futuro. […] Nuestra vida es ante todo toparse con el futuro. He aquí otra paradoja. No es el presente o el pasado lo primero que vivimos, no; la vida es una actividad que se ejecuta hacia adelante […] La vida es futurición, es lo que aún no es." (Ortega, 1987)

Los orígenes de la Filosofía son los de una filosofía de la Filosofía. Según Gaos, como Ortega, la filosofía está en crisis, se ha pasado de la "Filosofía pura" a una "Filosofía historicista" (relativismo, historicismo, filosofía de la vida)

Si lo que la razón histórica revela es la subjetividad y la filosofía historicista pretende "objetivar" la subjetividad, el mejor camino para ser consecuente es el que asume su filosofía como *profesión*, no tomándose en serio, sino con gran *vocación*, como profesional. De esta forma se gana en objetividad.

Gaos responde que el único motivo de la *profesión* es la **vocación**. De ahí que, para él, la filosofía de la Filosofía es realmente una Psicología de la vocación filosófica, que ya estaba planteada desde los orígenes de la propia Filosofía por los griegos, el gusto del saber por el saber, la afición por conocer, la vocación misma por conocer.

La confesión tiene un origen religioso. La filosofía de la Filosofía es "confesión". San Agustín, con sus *"Confesiones"* (400) fue el primer filósofo en confesarse, pero se confiesa ante Dios. Pero, ¿de dónde se puede extraer una teoría de la Psicología de la vocación filosófica?. La única fuente de conocimiento sólo puede estar en la *autobiografía*, pero teniendo en cuenta también "los motivos del filosofar de los grandes filósofos".

Esta idea de la confesión la podemos trasladar al mundo de la música: el compositor se confiesa escribiendo música, porque la música es la más inmaterial de las artes, y tiene la capacidad de expresar mejor que ninguna otra, el "mundo interior" del artista, su "autobiografía sonora":

> *"La música es, desde hace ya siglos, el arte que utiliza sus medios no para representar fenómenos de la naturaleza, sino para expresar la vida interior del artista y crear una vida propia de tonos musicales."* (Kandinsky, 1991: 49)

La **biografía** es, según Ortega, fuente de conocimiento para la Filosofía, por ser su tema fundamental la "vida humana", la cual es una realidad radical de la "razón vital". Para facilitar este conocimiento es necesaria la "confesión". El músico se confiesa, no ya con palabras, sino con sonidos musicales. Para Ortega, según subraya en *"La deshumanización del arte"*, el Romanticismo musical es el más apto para producir este conocimiento personal:

> *"Desde Beethoven a Wagner el tema de la música fue la expresión de sentimientos personales. El artista mélico componía grandes edificios sonoros para alojar en ellos su autobiografía. Más o menos era el arte confesión"* (1987: 368)

La música de Falla, aún siendo de carácter nacionalista, todavía está impregnada de ciertos rasgos del post-romanticismo. Pero toda forma de arte o estilo, aún alejándose al máximo de lo personal, de lo humano, sigue teniendo siempre algo que le emparenta con su autor.

El motivo más superficial de la Filosofía sería el *hedonista* o *epicúreo*, es decir el del placer intelectual del saber por el saber. ¿Es esta la forma en que los pensadores españoles tienen de conocer, por la cual la genuina curiosidad no les deja acabar de escudriñar un asunto para enseguida pasar a otro sin acabar de forjar un sistema de pensamiento sólido? Para Gaos, es el caso del propio Ortega y Gasset, en el cual encontramos, más que a un filósofo metódico, a un "espectador" de brillantes ideas.

Pero habría un motivo mucho más profundo para hacer filosofía: el origen de la filosofía está en la **religión**. Pero la filosofía no es religión, sino la "instrumentación" conceptual de la religión, es decir, la filosofía nace cuando se "razona" la religión. La diferencia entre filosofía y religión es que la primera es siempre y fundamentalmente racionalista, mientras que la segunda prescinde siempre de la razón para basarse únicamente en la fe.

Gaos piensa que no es posible sólo mediante la razón hallar pruebas de la existencia o inexistencia de Dios, o de la existencia o inexistencia de la inmortalidad del alma, es por esto que la

Filosofía no es religión sino que únicamente surge de cierta desconfianza del hombre en la propia religión y en la confianza que tiene en la razón como medio para explicar y comprender el mundo.

Por tanto, el hombre hace filosofía por dos motivos, según José Gaos:

a)   *El placer y el poder (raíz mundana)* → hedonista, epicúreo

b)   *El ascetismo (raíz religiosa)*

Así, hay dos tipos humanos radicales en su acercamiento a la filosofía: el *hedonista* y el *ascético*, pero ambos necesitan un segundo motivo, el hedonista no renuncia al ascetismo y el ascético (el ordenado) también busca el placer y el poder. De todos modos, el hombre está llamado tanto por la necesidad de placer y poder como por el impulso o voluntad del ascetismo: ambas necesidades constituyen el misterio de la dualidad moral humana.

Podemos trasladar este sistema de pensamiento al ámbito de la composición musical: habría, entonces, dos tipos de creadores, que podríamos denominar *hedónicos* y *ascéticos*. Podemos considerar a Manuel de Falla como un músico de raíz religiosa, no sólo por sus fuertes creencias cristianas, sino también por su forma de acercarse a la creación. Según Gaos es *"menos trabajoso leer durante todo un día que pensar durante sólo media hora".* Pues Falla era de los que "pensaban", y no sólo "leían". Es decir, si Falla es considerado como uno de los músicos españoles más importantes y reconocidos internacionalmente es porque hizo de la música de raíz española, música universal, no se conformó con escribir una música localista, sino que, partiendo de la amplia tradición folklórica de nuestro país, y continuando en la tradición de la música culta europea, supo elevar al rango de universalidad la música propia. Fue, por tanto, un innovador que, buscando y elaborando poco a poco su pensamiento musical, logró encontrar un lenguaje musical propio y personal, no obstante inteligible dentro de la tradición de la música culta europea. Para Tomás Marco, Falla fue *"un nacionalista de vocación universalista, lo que le libró tanto del simple regionalismo como del mero internacionalismo".* (1998: 42). Ahí radica, quizás, el porqué del corto, pero selecto catálogo de obras que constan en la obra de Falla.

Sin embargo, dentro de los compositores que podemos considerar *hedónicos* podemos situar a un compositor nacionalista que, aun siendo importante, no llegó a alcanzar el grado de madurez y profundidad en su música como el que alcanzó Falla. Joaquín Turina (1882-1949), aun habiendo escrito un catálogo de obras mucho más numeroso que el de Falla, no supo evolucionar en su lenguaje, quedándose en el planteado desde sus primeras composiciones.

> *"Tampoco su nacionalismo fue capaz de evolucionar, quedándose casi siempre en el pintoresquismo e involucionando hacia un regionalismo que no cobra aliento universalista. Si en realidad se adelanta a Falla en cuanto a las primeras obras significativas, después se verá incapaz de seguir el ritmo investigativo que señala el genial gaditano"* (Marco, 1998: 57)

Otro dato importante que une la vida de Falla a la de Gaos es su religiosidad, su *ascetismo*. Confiesa José Gaos:

> *"La religión gravitó sobre mí durante la infancia con fuerza que mi juventud sintió excesiva y rechazó con proporcionada fuerza de reacción"* (1958: 130)

Manuel de Falla tenía una personalidad muy singular. Era muy modesto, introvertido, solitario, su misoginia le impidió encontrar una mujer con la que contraer matrimonio. Físicamente era delgado, no muy alto y de frágil salud desde la infancia, lo que le obligó a trasladarse a Granada en 1919. Siempre entregado a su trabajo, procuraba eludir el éxito refugiándose en su profunda religiosidad. En el Archivo "Manuel de Falla" constan un gran número de libros religiosos, todos franceses. Fue hombre de amplia cultura y exquisito refinamiento, inteligente, sensible y un gran músico. Sólo queda el definitivo reconocimiento y aceptación unánime de que Falla figura en la historia española del siglo XX con el mismo valor que el resto de integrantes de la Generación del 98. Podemos, por tanto, considerar a Falla cercano a la figura de un compositor "místico". Kandinsky, en su tratado teórico *'De lo espiritual en el arte''* expone su idea de lo que constituye el arte como fenómeno místico:

> *"La verdadera obra de arte nace misteriosamente del artista por vía mística. Separada de él, adquiere vida propia, se convierte en una personalidad, un sujeto independiente que respira individualmente y que tiene una vida material real"* (Kandinsky, 1991: 113)

Y más adelante, Kandinsky abunda en el aspecto ascético de todo artista:

> *"El artista no es un privilegiado de la vida, no tiene derecho a vivir sin deberes, está obligado a un trabajo pesado que a veces se convierte en su cruz. Ha de saber que cualquiera de sus actos, sentimientos, pensamientos constituyen el frágil, intocable, pero fuerte material de sus obras, y que, por lo tanto, no es libre en la vida sino sólo en el arte"* (Kandinsky, 1991: 115-116)

El arte *"se pondrá al servicio de lo divino"* basado en *"el criterio y el principio que en todos los terrenos es lo único artístico y lo único esencial: el principio de la necesidad interior"* (1991: 70-71). Para Kandinsky, esta

79

"necesidad interior", impulso de todo creador, sea músico, pintor, o añado yo, filósofo, nace de tres causas místicas: primero, todo artista ha de expresar lo que le es propio y personal, segundo, ha de expresar lo que es propio de su época, y tercero, como servidor del arte ha de expresar lo que le es propio al arte en general. En esta afirmación se reflejan los dos temas esenciales de la filosofía de Ortega, la razón vital (la personalidad, la autobiografía) y la razón histórica (lo epocal, la temporalidad).

13. El acto creador en filosofía y en música: placer, poder y soberbia. la soledad del creador

Según hemos visto, hay dos motivos fundamentales para hacer filosofía: *placer* y *poder*. Por tanto, el filósofo tiene un motivo hedonista, irreligioso, epicúreo y esteticista en su impulso intelectual, se trata de un impulso de búsqueda de placer, que le mueve hacia el esteticismo, la antirreligión y el ciencismo. El *placer* es un motivo profundo que mueve a todo creador, por supuesto, también al músico.

Pero el motivo más profundo de la Filosofía es el *poder*, ya que el medio para llegar al placer es el poder, pero, una vez alcanzado éste, se puede disfrutar también del "placer del poder".

Gaos confiesa haber sentido la impresión de "dominación" sobre todo al haber comprendido algunas de las lecturas filosóficas que tuvo en su adolescencia, hasta tal punto de alcanzar el mareo de la ebriedad:

> *"Todo lo comprendí plenamente cuando leí en Aristóteles que el filósofo es el que sabe de todas las cosas, no porque sepa de cada una de ellas en particular, sino porque es* dueño *de los principios que las* dominan, *y que este saber es realmente un saber de* dominación, *pues al sabedor o dueño de los principios incumbe mandar a los demás y no el ser mandado por ellos"* (1958: 134)

Ser "dueño de los principios" implica poder. Curiosamente si buscamos en la etimología de la palabra "principio" encontramos la palabra griega "arché", que significa "arconte" o "príncipe". El filósofo, por tanto, dominador de los principios, está en una posición de superioridad con respecto a los demás, una superioridad intelectual.

Hay una distinción entre *pensamiento, razón* e *inteligencia*. El pensamiento es la facultad de pensar, inteligentemente o no, la razón es la facultad del raciocinio, de sacar consecuencias, más que de verlas intuitivamente y llegar a su esencia más profunda. Sin embargo, la inteligencia es intelección (intuición y penetración. Puede haber pensamiento y razonamiento, pero sin inteligencia no es posible profundizar en la esencia de las cosas. Pues bien, sólo se es "dueño de los principios", y, por tanto, "dueño del universo" si se dispone de inteligencia.

La Filosofía es el "discurso de los principios", y el "principio de los principios" , el "primer principio" es Dios. Por eso el destino de la Filosofía es el "idealismo trascendental" representado por la soberbia de Hegel o de Kant.

¿Podemos determinar una identidad de carácter en el filósofo? Sí: está en la *soberbia*, el filósofo es el ser soberbio por excelencia.

Para Gaos, lo que mueve el corazón del filósofo es el querer ser Dios, según expone en *"Confesiones profesionales"*:

> *"La esencia de la Filosofía es la soberbia [...], la esencia de la Filosofía y la esencia de la soberbia coinciden fenomenológicamente rasgo por rasgo"* (1958: 137)

Ya que el pecado de Satán fue la soberbia, la soberbia del filósofo le impulsa a querer ser Dios. Gaos cree que hay una vocación satánica en la Filosofía por su soberbia para alcanzar el placer del poder.

Según Ortega, en *"Meditaciones del Quijote"*, en el capítulo "Luz como imperativo", la esencia de la filosofía es la soberbia como "vocación de luz".

Pero, ¿es soberbio el compositor?. Sí: como todo creador el impulso que le mueve es crear, idear, tener una "ocurrencia", por tanto, posee la soberbia de querer ser Dios. La personalidad más soberbia y egocéntrica que ha dado la Historia de la Música, quizás es la de Richard Wagner, creador del "drama musical", buen ejemplo de vocación por alcanzar el poder y el placer a través de la creación artística. Pero, posiblemente es el siglo XX la época histórica donde puede atisbarse con mayor presencia la soberbia del compositor. El creador en este siglo, más allá de la idea de impulso creador o "necesidad interior" de Kandinsky, siente la necesidad, no sólo de expresar lo personal dentro de lo propio de la época y sirviendo al arte en general, sino que, además, para seguir siendo compositor, se ve en la obligación de "crear" un nuevo lenguaje musical individual, propio, único y personal. De modo que en el siglo XX no se puede hablar de un único lenguaje común para todos los compositores, sino hay que reconocer un lenguaje distinto por cada uno de los compositores del siglo. Tal es la soberbia del compositor del siglo XX. Tal y como se pregunta Enrico Fubini: *"¿Individualidad o universalidad del lenguaje musical?"*:

> *"Individualidad y universalidad, o si se prefiere, historicidad y naturalidad, no parecen, por tanto, términos irreconciliables de una antítesis radical; más bien, da la impresión de cómo si entre ellos se estableciera una estricta polaridad en la que uno y otro términos, individualidad y universalidad, o si se prefiere, historicidad y naturalidad- se implicaran recíprocamente."* (Fubini, 1994: 188)

En el *"Ensayo de estética a manera de prólogo"*, Ortega plantea que el arte permite representar el ser, solamente el arte es capaz de darnos las "cosas en sí mismas". La realidad se convierte en nuestras posibilidades. Se trata de la reconducción (reducción) de las posibilidades del sujeto a través de la "epojé" (o "detención" del mundo). Para Ortega, "el acto específicamente cultural es el creador".

¿Constituye el proceso de composición musical, así como la creación de toda obra de arte una reducción fenomenológica de la realidad en subjetividad? ¿Cada composición de Falla es una consecuencia de la *epojé* que lleva a cabo su autor?. Para todo acto creador sería necesario un procedimiento de "reducción fenomenológica", de, como lo entiende Husserl, "poner entre paréntesis" al mundo, en nuestro caso, el mundo musical, de prescindir de él, de todo, para llegar a la pura conciencia, a la "conciencia trascendental": *"[…] si lo que se deja fuera de juego o* entre paréntesis *no son solamente el mundo y la subjetividad, sino absolutamente todo lo que no sea la pura conciencia, es evidente que el* residuo *no eliminable es la misma* conciencia trascendental*"* (Husserl, 1949: 50)

Porque, de algún modo, el proceso de composición musical se asemeja bastante al "bosque" de las *"Meditaciones del Quijote"* de Ortega. El compositor no puede "ver todo el bosque", que representa todas las posibilidades de elección creativa, sólo puede ver "algunos árboles" en su proceso de "reducción fenomenológica, en su elección de posibilidades, y, así, poco a poco, va siguiendo una de las "veredas" posibles dentro de este "bosque" para ir configurando la composición.

Para poder poner "entre paréntesis" al mundo es necesaria la **soledad** del creador. El proceso de composición, como el de toda creación, necesita de la soledad, es un acto de autoconocimiento. Para Gaos, cuando el filósofo está ensimismado en sus pensamientos se "aísla", se "suspende" del mundo, y es imposible, al aislarse, la suspenderse del mundo, el conocimiento de otras vidas humanas: la incomunicación entre vidas humanas, es el *solipsismo*. [4]

La composición musical (la realización de cualquier obra artística) precisa de las "ideas", y no sólo de las creencias. El artista debe contar con su técnica, con sus creencias, con la tradición, con lo que sabe que funciona y conecta con el público, pero, un verdadero creador no se basa únicamente en creencias, sino que va más allá de las "creencias-tierra" y se posiciona en un continuo "mar de dudas", para llegar a forjar nuevas ideas, nuevas interpretaciones del mundo. Del mismo modo que el filósofo busca ideas para forjar un nuevo pensamiento, una nueva y distinta interpretación del mundo, el compositor ha de encontrar nuevas "ocurrencias", como decía Ortega, para llegar a construir su obra de arte. Podríamos afirmar que, tanto el filósofo como el artista están abocados a la búsqueda de nuevos árboles dentro del "bosque", de nuevas interpretaciones del mundo. La historia de las ideas, como afirma Gaos, sería la propia filosofía, así como la historia del arte, en nuestro caso, de la música, constituiría la propia música. José Gaos explica a través de su historicismo radical la finalidad de la propia filosofía, así como, por extensión, la del arte.

El proceso de "concepción" de las ideas es similar tanto en filosofía como en la composición musical. Se trata, en muchos casos, de una consecuencia del buscar dentro de sí, de bucear en el inconsciente. Encontramos un ejemplo de este acto de *inspiración* en las siguientes líneas escritas por Carl Gustav Jung en su autobiografía *"Recuerdos, sueños y pensamientos"*:

---

[4] *Solipsismo*: en Filosofía, forma radical de subjetivismo según la cual sólo existe o sólo puede ser conocido el propio yo (según el Diccionario Enciclopédico Espasa, 1998)

> *"Entonces fue un momento de extraordinaria lucidez... Me ocurrió como si el suelo cediera literalmente bajo mis pies, y como si cayese en un oscuro abismo... Me sentí, por así decirlo, impulsado desde dentro a formular y expresar lo que en cierto modo podría haber dicho Filemón... Entonces la inspiración comenzó a fluir de mí, y en tres tardes escribí este acontecimiento..."*

En todos los campos de la creación humana se ha dado ese fenómeno que denominamos "inspiración". La filosofía no ha sido ajena a ella, de lo cual tenemos muchas evidencias desde Grecia: Sócrates y su "demon", comprendido tanto por Platón como por Jenofonte como el talento de su no-consciente, o el caso explicado por Diógenes Laercio, que estudió el caso de un filósofo que escribía de modo automático e inconsciente libros enteros de Filosofía estoica. Muchos otros filósofos como Pascal, Kepler o Spinoza confesaron que muchos de sus razonamientos y conclusiones de los principios filosóficos a los que llegaron fue a partir de un proceso distinto del que llamamos racional. ¿Puede ser debido al proceso de "reducción fenomenológica" del que habla Husserl?

No es el caso de Falla: es sabido, que el compositor gaditano sufría indeciblemente a la hora de escribir música, del mismo modo que el propio Beethoven. Es decir, sus correspondientes actos creadores no se trataban de simples actos de "inspiración", sino de largos procesos de concepción y maduración elaborados por medio de una técnica depuradísima. Se dice que Falla, en numerosas ocasiones, tardaba incluso varios días en seleccionar una nota concreta para su composición, de ahí su lento proceso compositivo que hizo que su catálogo de composiciones fuera, de este modo, un tanto reducido, en relación con otros compositores (Stravinski, por ejemplo, otro compositor que cultivó el neoclasicismo). Se trataba de un proceso de composición casi religioso, doloroso, ascético, por su oposición al placer.

Para Gaos *"es muchísimo menos trabajoso leer durante todo un día que pensar durante sólo media hora"* (1958: 122), dado que la lectura se hace por puro placer, mientras que el pensar es un puro acto de *gestación,* de *creación.* Los placeres de la *creación* no lo son tanto como en muchas ocasiones se sostiene, quizá debido a la influencia del pensamiento estético romántico. José Gaos distingue, dentro del acto creador, dos momentos fundamentales: la *concepción* (o el *dar a luz*) la obra, que puede llevar consigo placeres, y la propia *gestación* de la obra, que no es sino puro trabajo, generalmente no placentero, sino, incluso a veces, doloroso.

También Gaos se plantea si existe obligatoriedad alguna en la ejecución de una obra (ya sea de pensamiento o artística), pero responde que no, no hay ninguna obligación, por lo que todo creador es de *"naturaleza proletaria, servil, cristiana, si no específicamente protestante".* (1958: 123)

De todos modos, y dentro del ámbito de toda creación, si hay algo que constituya un punto de partida fundamental para la génesis y el desarrollo de la cultura, tan importante como la reflexión y el trabajo, es el carácter lúdico que posee. Siguiendo las ideas de Johan Huizinga, el concepto de "homo ludens" como ser que, además de pensar ("homo sapiens") y trabajar ("homo faber"), juega, se basa en las ideas orteguianas acerca del sentido deportivo de la vida. Y, en todo acto creativo hay un componente lúdico inexcusable, donde la búsqueda de algo, sea lo que sea, se configura como un juego donde el creador, cuando alcanza su objetivo creativo, culmina satisfactoriamente sus propósitos.

Desde este punto de vista, la composición musical, como cualquier otro acto de creación, es una manera de pensamiento, por tanto, también constituye filosofía. El creador expone sus "ideas" en forma de materia sonora, la cual, también es un medio de expresión de dichas ideas. Y, dando la vuelta a esta argumentación, podemos afirmar que todo filósofo es, como creador, un artista, dado que basa su pensamiento en ideas, no en creencias.

14. Relativismo y racionalismo en la historia de la composición musical: el historicismo como solución

Ortega plantea en *"El tema de nuestro tiempo"* el problema de la "verdad", al cual han intentado dar solución, tanto el relativismo como el racionalismo. Pero ni uno ni otro han descubierto *"el universo de las verdades"*. Siendo el racionalismo "antihistórico" y el relativismo una forma de escepticismo, ninguna de las dos posturas se acerca a la resolución del problema de la verdad.

En la historia de la composición musical, las "verdades absolutas" han dado paso a nuevas verdades, y de este modo, ha habido un constante avance e innovación en las ideas compositivas, que han permitido a la música continuar su inexorable progreso en el tiempo. Los compositores que, en su tiempo, supieron mirar hacia adelante, sin dejar de un lado su presente y la tradición histórica, son los que son reconocidos por la historia como figuras de referencia e influencia en los compositores de su tiempo y en generaciones posteriores. La música de Palestrina, Victoria, Bach, Haydn, Mozart, Beethoven, Wagner, Debussy, Schöenberg… permanece y permanecerá en la historia de la música como "verdades" que están más allá de lo relativo que constituye una época determinada, y más allá de lo racional, dado que, la música, al ser su materia el sonido, como el color su materia, la luz, son en sí, irracionales. Pero ambas son verdades, cualidades que la razón pura no puede manejar. En *"El tema de nuestro tiempo"*, Ortega plantea el origen de las revoluciones en las ideas :

> *"El futuro ideal construido por el intelecto puro debe suplantar al pasado y al presente. Éste es el temperamento que lleva a las revoluciones. El racionalismo aplicado a la política es revolucionarismo, y, viceversa, no es revolucionaria una época si no es racionalista. No se puede ser revolucionario sino en la medida en que se es incapaz de sentir la historia, de percibir en el pasado y en el presente la otra especie de razón, que no es pura, sino vital."*
> (Ortega, 1987: 161)

Todos estos compositores fueron revolucionarios en su tiempo, porque supieron sobreponerse a la tiranía del presente y del pasado sin dejar de percibir su influencia. Pusieron su genio *"al servicio de lo divino"*, como sostenía Kandinsky, dado que todo verdadero artista es llamado por *"el principio de la necesidad interior"*. (1991: 72)

Enrico Fubini resalta la historicidad en el arte musical, y la progresiva concienciación de los pensadores a lo largo de la historia sobre este hecho:

> *"El desarrollo de la más vasta* querelle *de cuantas hubo entre defensores de los antiguos y defensores de los modernos [...] hizo surgir entre los filósofos y los teóricos, quizás por vez primera, la conciencia en torno a la* historicidad *del fenómeno musical y al relativismo de los lenguajes musicales. [...] Con Rousseau y los demás enciclopedistas toma cuerpo otra concepción, que se opone a la anterior con carácter de alternativa: la concepción de la música como lenguaje intersubjetivo, como comunicación de sentimientos que han variado a lo largo de la historia; concepción ligada a la personalidad de cada individuo, a la idiosincrasia de cada colectividad, al temperamento de cada pueblo, no codificable en reglas y leyes eternas, pero sujeta —eso sí- a la libre invención melódica."* (1992: 493-494)

A esta "razón vital" no escapa Manuel de Falla: su biografía, en cierto modo, es su obra, así como su obra es su biografía. La vida es "futurición", decía Ortega. Falla, con una obra muy reducida en número de composiciones, pero, sin embargo, de una gran relevancia, supo mirar al futuro y dejar a un lado los oscuros nubarrones que, desde hacía siglos, ensombrecían la música española, aportando un rayo de luz que despejó, en gran medida, las dudas acerca de la capacidad cosmopolita y universal que tenía la música española para llegar a conmover más allá de nuestras fronteras.

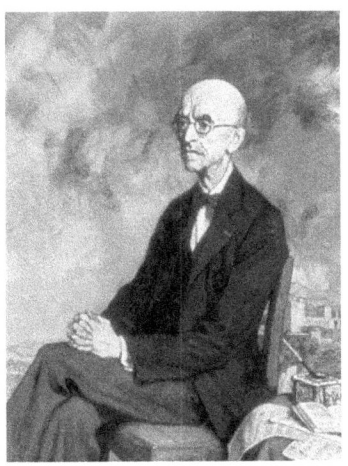

Manuel de Falla

15. Bibliografía

Casares Rodicio, Emilio (director). *Diccionario de la música española e hispanoamericana* (en 10 tomos). Madrid. SGAE, INAEM, ICCMU (1999-2002)

Fubini, Enrico. *La estética musical desde la Antigüedad hasta el siglo XX*. Madrid. Alianza Música (1992)

Fubini, Enrico. *Música y lenguaje en la estética contemporánea*. Madrid. Alianza Música (1994)

Gaos, José. *Confesiones profesionales*. México D.F. Fondo de Cultura Económica (1958)

Gaos, José. *La filosofía de la Filosofía* (Antología). Barcelona. Editorial Crítica (1989)

Huizinga, Johan. *Homo Ludens*. Madrid. Alianza Editorial (1987)

Husserl, Edmund. *Ideas relativas a una fenomenología pura y a una filosofía fenomenológica*. México. Fondo de Cultura Económica (1949)

Jung, Carl Gustav. *Recuerdos, sueños y pensamientos*. Barcelona. Seix Barral

Kandinsky, Vasili. *De lo espiritual en el arte*. Barcelona. Labor (1991)

Lasaga Medina, José. *El héroe sin melancolía*, en *Meditaciones sobre Ortega y Gasset (V.V.A.A.)*. Madrid. Editorial Tébar (2006)

Marco, Tomás. *Historia de la música española. Siglo XX*. Madrid. Alianza Editorial (1998)

Morgan, Robert P. *Twentieth-Century Music*. New York. W. W. Norton & Company, Inc. (1991)

Ortega y Gasset, José. *El tema de nuestro tiempo,* en *Obras completas, III*. Madrid. Alianza Editorial-Revista de Occidente (1987)

Ortega y Gasset, José. *La deshumanización del arte,* en *Obras completas, III*. Madrid. Alianza Editorial-Revista de Occidente (1987)

Ortega y Gasset, José. *Meditaciones del Quijote*. Madrid. Alianza Editorial (1981)

Ortega y Gasset, José. *Apatía estética en* El Espectador, *Obras completas, II*. Madrid. Alianza Editorial-Revista de Occidente (1987)

Ortega y Gasset, José. *El "Quijote" en la escuela, en* El Espectador, *Obras completas, II*. Madrid. Alianza Editorial-Revista de Occidente (1987)

Ortega y Gasset, José. *Ideas sobre la novela, en Obras completas, III*. Madrid. Alianza Editorial-Revista de Occidente (1987)

Ortega y Gasset, José. *La deshumanización del arte, en Obras completas, III*. Madrid. Alianza Editorial-Revista de Occidente (1987)

Ortega y Gasset, José. *Las Atlántidas,* en *Obras completas, III*. Madrid. Alianza Editorial-Revista de Occidente (1987)

Ortega y Gasset, José. *Musicalia en* El Espectador, *Obras completas, II.* Madrid. Alianza Editorial-Revista de Occidente (1987)

Ortega y Gasset, José. *¿Qué es filosofía?*, en *Obras completas, VII.* Madrid. Alianza Editorial-Revista de Occidente (1987)

Perera, Ramos. *Fenomenología paranormal en la inspiración artística* en *Psi-comunicación nº 13.* Madrid. SEDP (1981)

Querol, Leopoldo. *Breve historia de la música.* Valencia. Albatros Ediciones (1984)

Sánchez, Fernando. *La correspondencia inédita entre Falla y Pemán.* Sevilla. Ediciones Alfar (1991)

San Martín Sala, Javier. *Ensayos sobre Ortega.* Madrid. UNED (1994)

San Martín Sala, Javier. *Ortega y Gasset, Cervantes y Don Quijote,* en *Meditaciones sobre Ortega y Gasset (V.V.A.A.).* Madrid. Editorial Tébar (2006)

Sopeña, Federico. *Vida y obra de Falla.* Madrid. Turner Música (1988)

Torres Clemente, Elena, *Las óperas de Manuel de Falla: interconexiones entre música, texto y acción dramática,* tesis doctoral, Universidad de Granada (2004)

Torres Clemente, Elena. *Las óperas de Manuel de Falla. De La Vida Breve a El Retablo de Maese Pedro.* Madrid. Sociedad Española de Musicología (2007)

Otras publicaciones del autor:

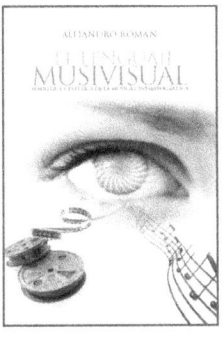

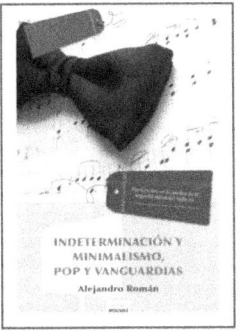

"El Lenguaje Musivisual, semiótica y estética de la música cinematográfica"

Tratado que aborda el significado de la música de cine, sus funciones en la pantalla y el resultado estético resultante como obra artística. Incluye varios análisis de música de películas.

"Indeterminación, minimalismo, pop y vanguardias"

En este libro se trata el problema de la "estetización" en las músicas del siglo XX desencadenado por la aparición de las llamadas "vanguardias negativas", cuya influencia se dejó notar en las músicas de vanguardia e incluso en determinadas corrientes pop.

Puedes encontrarlos en la Tienda Online:

http://stores.lulu.com/alejandroroman

www.ingramcontent.com/pod-product-compliance
Lightning Source LLC
Chambersburg PA
CBHW071239170526
45165CB00003B/1159